日本と
土問題

横山宏章 Yokoyama Hiroaki
王雲海 Wang Yunhai

a pilot of wisdom

はじめに

横山宏章

〈尖閣国有化〉をめぐって燃え上がった二〇一二年の日中間の紛争で、三つのクライシスが浮かび上がってきた。

一つは、いうまでもなく日中関係に暗雲が垂れ込めた危機である。

もう一つは、これを契機に日本の政治、社会に右傾化、保守化が蔓延《まんえん》してきたこと、あるいは狭隘《きょうあい》なナショナリズムが台頭してきたという危機である。

三つめは、中国共産党による支配の正統性が揺らぎ始めたことである。経済発展に成功したものの、格差の拡大、幹部の腐敗、そして外交政策に対する不満などが民衆の中に鬱積し、それが予期しない民衆暴動へ火をつけるという社会混乱である。

二〇〇五年にも日中関係に緊張した状況が生まれたが、当時は〈政冷経熱〉といわれ、政治関係が冷え切ったとしても、経済は熱い相互依存関係が維持されていた。ところが現在、日本はGDP（国内総生産）が中国に抜かれ、市場を中心とした相互依存関係は岐路を迎えている。世界ナンバー2の座を明け渡した日本には、明らかに焦燥感が漂い始め、中国リスクを回避すべく、中国市場依存の再検討が進んでいる。中国に対する警戒心を越えて、嫌中ムードが高まっている。

こうした風潮を危惧したのであろう、編集部から、冷静な視点で日中関係を論じてほしいという要請がきた。そして、一橋大学の王雲海教授と対談を進めながら、日本人と中国人の研究者同士が、冷静かつ忌憚《きたん》なき意見を披露してほしいというのだ。実は、王教授とはまったく面識がなかった。かなり不安があったが、「冷静な視点で」という要請に、少しでも応えたいと引き受けた。王教授はおもに中国側の論理を説明され、私は日本側の論理を紹介することとなり、ときには対立する場面もあった。どれだけ冷静さを保つことができたか、少し心配であるが、激情にまかせて議論することは誡《いまし》めた。至るところ、冷静な観点を絶やされなかった王教授に感謝する。

領土問題は、尖閣諸島紛争に限らず、自国が正しく、相手国が間違っているというナシヨナリズムの強調に流れやすい。日本はかつてこの傲慢なナショナリズムを昂揚させることで、アジア太平洋世界を塗炭の苦しみに陥れた歴史的負の遺産を抱えている。二度とその悲劇を再現することは許されない。とはいえ、経済改革に成功して活力をみなぎらせている中国が、「海洋強国」を掲げて新たな海洋進出戦略を展開し、東シナ海、南シナ海での政治的、軍事的緊張関係を招き始めていることも間違いない現実である。

声高に「中国をやっつけろ！」と叫んで快感は得られたとしても、一挙に解決できるわけではない。まずは、相互の見解を冷静に聞きながら、国益や感情が複雑にからみついた糸をほぐすことで、その解決の道を探ることが肝要である。派手な喧嘩《けんか》だけは避けなければならない。

中国の反日も危険であるが、同時に日本の反中も危険である。

ロシア
中華人民共和国
朝鮮民主主義人民共和国
日本海
大韓民国
日 本
東シナ海
太 平 洋
奄美諸島
沖縄諸島
尖閣諸島
沖縄本島
台湾
石垣島
フィリピン

目次

第三部　グローバル経済と日中の課題 —— 169

尖閣諸島の地図

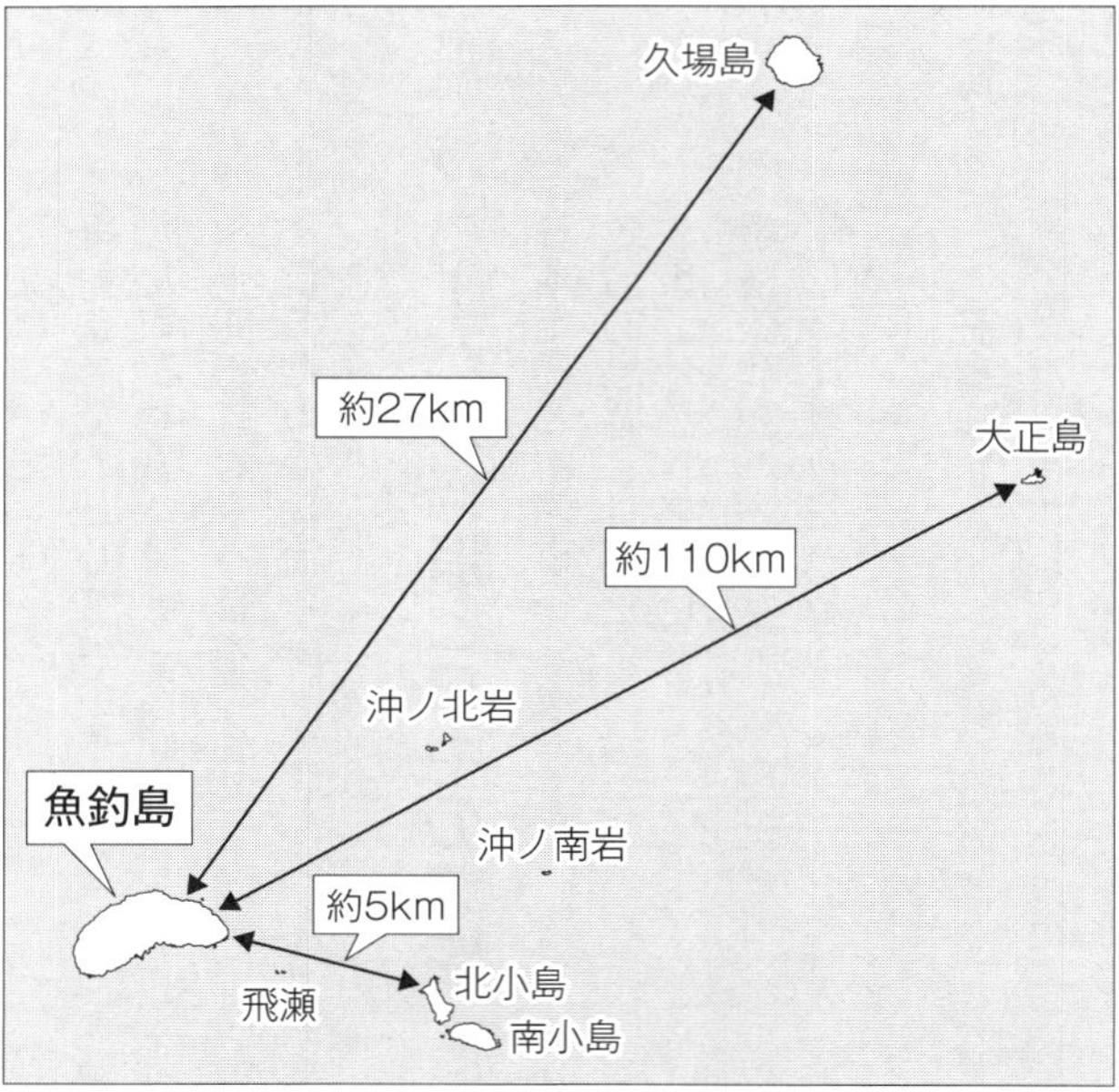

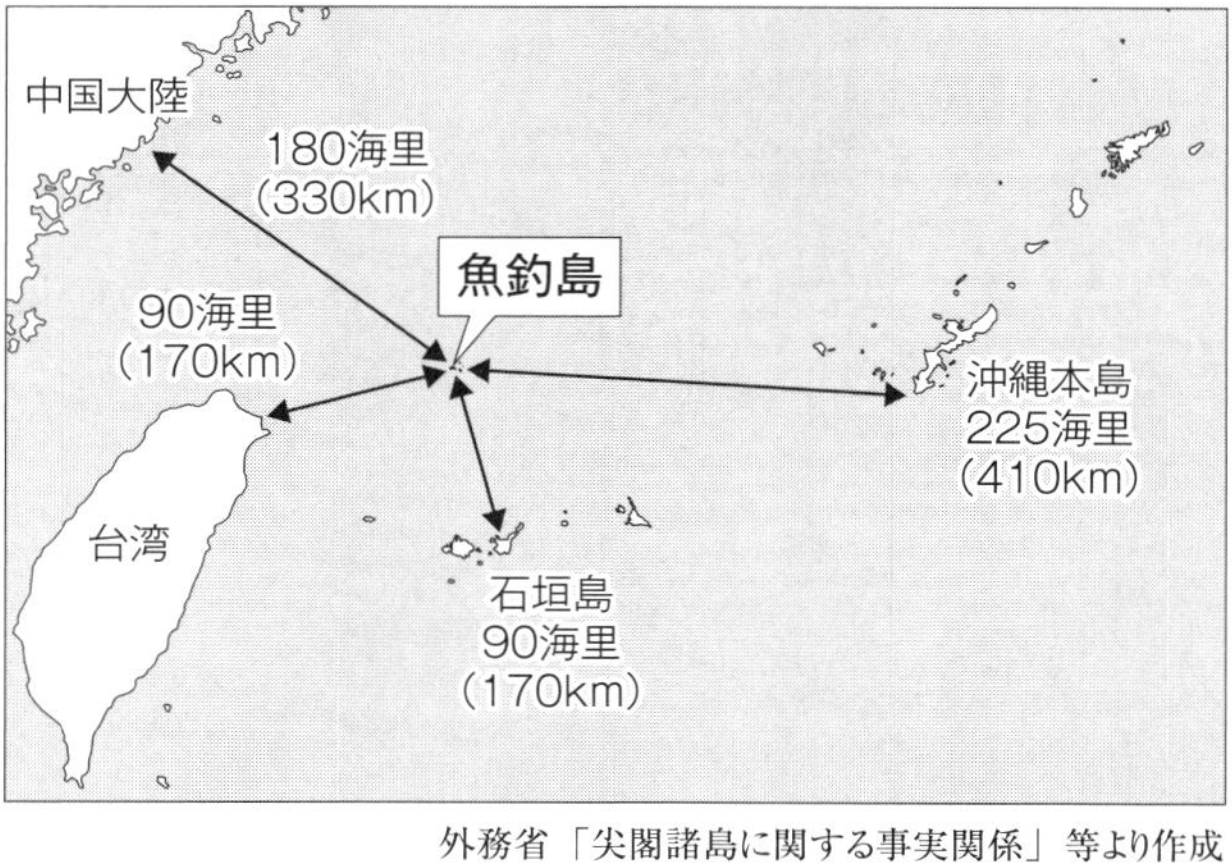

外務省「尖閣諸島に関する事実関係」等より作成

第一部
国際情勢からみた尖閣諸島問題

尖閣諸島、手前から南小島、北小島、魚釣島
［毎日新聞社、2012/9/12］

著者紹介

■王雲海

1960年中国河北省生まれ。一橋大学大学院法学研究科教授。1982年中国西南政法大学卒業。84年に来日、一橋大学で博士(法学)を取得。1999～2000年米国ハーバード大学客員研究員。『「権力社会」中国と「文化社会」日本』でIPEX2006年度最優秀著作を受賞。著書に『日本の刑罰は重いか軽いか』『死刑の比較研究―中国、米国、日本』『「刑務作業」の比較研究―中国、米国、日本』『賄賂の刑事規制―中国・米国・日本の比較研究』他。

■横山宏章

1944年山口県生まれ。北九州市立大学大学院社会システム研究科教授。専門は中国政治・外交史。一橋大学法学部卒業後、同大学院法学研究科博士課程満期退学。法学博士。明治学院大学教授、県立長崎シーボルト大学教授を経て現職。著書に『中国の異民族支配』『中華思想と現代中国』『反日と反中』『長崎唐人屋敷の謎』『陳独秀の時代』『中華民国』『長崎が出会った近代中国』『中国砲艦「中山艦」の生涯』他。

◆尖閣諸島領有問題の背景

横山　二〇〇四年末、中国から八名の日本研究者をお呼びしてシンポジウムを開催しました。日中関係は当時〈政冷経熱〉と言われていました。両国の関係は、政治的には冷えているが、経済的には関係が深くなっていることを指す言葉です。当時も中国で反日デモが起きていましたが、シンポジウムのテーマは、この政冷経熱のギャップをどう解消するかという問題でした。その内容を『反日と反中』に反映させています。

尖閣諸島領有問題がクローズアップされている今日、それから約八年経《た》っていますが、日中関係の基本的な問題は引き続いています。というよりむしろ、両国の国民的なレベルでの対日・対中イメージは悪化している。しかも日中の政府間、首脳間の信頼醸成もますます悪くなっているということで、事態は一向に好転していませんね。

王　そう思います。

横山　なぜ、さらに深刻になったのかというと、一つには台湾問題が関係していると思います。もともと中国は、日本とアメリカと台湾との親密な関係に楔《くさび》を打ち込みたいと基本的には考えていました。しかし、従来は尖閣諸島の問題で強硬に要求すると、中国は台湾を狙っているのではないかと台湾に警戒される恐れがあった。結果として台湾が日米のほうにすり寄っていくという危険性が、当時はまだあったのですね。ところが、台湾と中国の関係がだんだん親密になってきた。現在は中国側が日米にある程度の譲歩を要求しても、台湾が日本あるいはアメリカ側につくことを心配する必要がなくなってきたということです。

また日米関係が、従来に比べればそんなに密接な関係ではなくなり、アメリカも中国の意向を考慮せざるを得なくなったという情勢が、この八年間に進んだのではないか。国際政治学から言えば、このようなことが、大まかな状況として言えるのではないでしょうか。

王　ええ。基本的に二つの視点からみる必要があります。一つは、今回の尖閣諸島（中国では「釣魚島」という）をめぐる問題は、従来の日中間のトラブル――二〇〇五年の反日デモもそうですが、そうしたトラブルの続きであるということ。もう一つは、従来の続きだけではなく、横山先生がおっしゃったように、近年の新しい国際情勢や、日中の新しい国内情勢を反映しているということです。もともとあった要因と、変化してきたそれぞれの国内情勢、東アジアをめぐっての国際関係の中で、今の事態が起きています。

横山　そうですね。

王　従来のトラブルの続きという面で述べますと、そもそも中国と日本では基本的に発想が違うところがあります。拙著（『権力社会」中国と「文化社会」日本』）でも述べましたが、その違う面を無視して、共通点だけを大きくしようとするのはなかなか難しい。もちろんある程度はできますが、限界がある。お互いの違いを認めたうえで友好を進めないといけないのですが、それが従来十分に意識されていないので、今まさにその限度を超えたことの反動が起きている。

一方、国際情勢の変化として大きいのは中国の経済的な発展です。日中の経済バランス――日中間のイメージの転換が起きています。二〇一〇年には中国の国内総生産が世界二位になっていて、日本は三位に転落しました。そのことがおそらく日本に心理的な影響も与えているのではないかと思います。

横山　この七、八年、中国経済はさらに発展しましたね。

王　はい。あと国内の変化といいますと、情報化時代となっていることも大きい。今の政治家は昔の政治家とは違います。かつての政治家は一応独立して、政策――とりわけ外交政策などを、ある程度世論や民意を考えずに決めることができた。しかし今はインターネットの発達もあって、国民と政治家の間の距離が短くなっている。政治家に対する国民や世論の影響力がかつてないほど大きくなっていて、国の指導者は自分の理念よりも、民衆の意思などから行動せざるを得ません。結局、指導者対指導者の対立ではなくて、国民対国民の対立になってしまっています。今まさにそういう事態であると思っています。

横山　これまで同じトラックを走っていても、日本のほうがはるかに前にいて、中国は後ろにいました。中国は日本の背を追って、背中が少しみえたかなと。日本は後ろを振り返ると、以前は中国の姿がみえなかったのがみえてきた。国内総生産では抜かれましたが、全般的な生活レベルからいえば、日本のほうがまだはるかに高い。しかし、やはり後ろに迫っている、もう抜かれるのは時間の問題ではないかという感覚が、日本側にあるのではないか。中国側は同じように、これまで後塵《こうじん》を拝していたのが、ひょっとしたら抜けるという自信が出てきた。昇り竜の中国と下り坂の日本という対比の中で、かつては基本的に大日本と小中国というような認識で日本人は捉えていたのが、中国は大中華になり、中国人からは日本のことを小日本――シャオリーベンという、英語でいえばジャップみたいな軽蔑の言葉が使われるように、状況がすごく大きく変化していると思うんですね。

◆国有化をめぐって

横山　私は、民主党政権と中国の指導部との、首脳同士の信頼醸成がなかったことも、大きな要因だと思っています。もともとは、当時都知事だった石原慎太郎が都で購入すると言ったわけです。今は時代を変えようという過激な主張のほうがアピールしやすいですから、石原慎太郎はアピール性の高いものとして選択したのでしょう。現状を動かさないといけないと。おそらく日本政府は、何をしでかすかわからない石原慎太郎に買われて、港をつくったりされると中国の怒りにまさしく油を注ぐようなことになるので、それより穏便なおさめ方として国有化しようということにしたのだと思います。しかし中国側は、石原慎太郎であろうが野田佳彦であろうが、とにかく〈国有化〉というものは許せないという認識ギャップがあったわけで、日本は国有化の理由を中国側に十分に伝えることができなかったという問題があります。もともと日中間の領土問題は、現状をそんなに動かさなければ、棚上げで将来いずれ解決すればよいということだったのですが。

王　真実ではないかもしれませんが、この件に関して中国ではこんなことが言われていました。石原慎太郎が尖閣諸島に手を出した目的は二つあり、一つは新しい政党を立ち上げること、もう一つは息子（石原伸晃《のぶてる》）を総理大臣にしようということです。不確かな噂《うわさ》にすぎないかもしれませんが、中国でそういう話が広がったことは事実です。その後、実際に新党を立ち上げたので、憶測の一つは当たりました。

より重要なことですが、横山先生が話されたように、都による所有よりも国有化したほうが日本政府が管理しやすいからという説明はされているのですが、中国でいう〈国有化〉と日本でいう国有化は完全に違うんですね。日本で国有化というと所有者が個人から国に変わっただけというふうに理解されるのですが、中国の場合、国有化という言葉はどちらかというと対外的な概念が強い。つまり、日本国が所有するぞというような意味合いが強いので、それで余計に刺激されたのでしょう。中国に根回しをしなかったこともありますが、国有化して管理だけに徹するというメッセージとは思われず、何らかの施設をつくるといったような、国有化だけにとどまらないようなメッセージが、中国にはかなり伝わってしまった。要するに、国有化して実効支配を強化していくという姿勢が伝わったので、予想以上に中国の反発を買ってしまったのです。中国からすれば、そこは非常に大きな違いなので、徹底的に抵抗しようということになってしまったのでしょう。

横山　中国史を学んでいる方々と研究会をしたときに、尖閣諸島領有問題について話をしました。皆色々なアイデアや経験を話してくれましたが、やはり今の問題が出ましたね。国有化という言葉が持っている概念の違いです。日本人にとってはそれは相対的なもので、例えば国立大学であろうが、公立大学であろうが、私立大学であろうが、大学であることに違いはない。今は法人化されて少し状況が変わりましたけれども、どこから給料が出るかぐらいの違いしか考えない。ところが中国は、王先生の言葉でいえば権力社会で、民には権力がなく、究極的に権力は国に集中していくわけです。日本人は立憲議会制の原理からいって、国というのは我々の権利を契約によって委任しているだけだと基本的に考えますから、国家や国という言葉に付与される意味と価値観が、日中で全然違うんですね。そうすると一番の問題は、そういう認識ギャップというものの存在を、なぜ日本側が理解できなかったのかということです。

王　国有化という言葉の持つイメージのギャップですよね。

横山　やはり基本的には、政府間のパイプが民主党政権は非常に細かったのではないか。もっとも、自民党政権のパイプが太かったかといえば必ずしもそうではないというか、パイプがちょっと詰まっていたわけですけれども、自民党政権時代のパイプ以上にパイプが細かったということです。

民主党政権は政治主導ということで、例えば外務省の活動についても官僚よりも政治家が決めていくと。それは考え方としては一つの選択肢だと思いますが、それならば政治家が中国側の要人と太いパイプを持っているという前提がなければいけない。外交を外務省のお役人に任せられないとしながら、かといって民主党政権では必要なパイプがあったわけでもないことが、今回明らかになってきた。もちろん外務省そのものに機能不全的なものがあった可能性もありますが、どちらの要素が大きいのかはなかなか判断できない。それが典型的に表れたのは、二〇一二年九月九日、ロシアのウラジオストクで開催されたアジア太平洋経済協力会議（ＡＰＥＣ）の会場で当時の野田総理と胡錦濤《こきんとう》主席が話をして、そのわずか二日後に国有化を宣言したことです。中国側で言われているのは、やはり胡錦

野田佳彦首相（当時）と胡錦濤主席も出席したAPECサミット
［AFP＝時事、2012/9/9］

濤のメンツを潰されたということで、唐家璇《とうかせん》元外相（外交部長）のそういう内容の発言が報道されました。日本ではそういうことでメンツを潰したとは考えないですし、粛々と規定路線でやっていったということでしょうけど。

やはり中国側が何を重視しているかというイメージと、日本側の政策にとって何が必要で何が優先順位として高いかというところの違いがあります。後で議論しますが、私は、やはり日本と中国の政策決定過程の違い、あるいはイメージの違いに由来している気がします。

王　民主党政権は外交において人的なパイプがあまりなかったとよく言われますが、私個人は基本的に人的なパイプの有無を強調したくないといいますか、そのような見解にはあまり賛成していません。民主党政権は、ただ外交の複雑さをあまりわかっていなかったのではないでしょうか。政権を担当したことがなく、外交の複雑な面をよく理解していないので、だいたい簡単にいけるように思っていた節があります。また、民主党政権は支持率の問題を抱えており、選挙で勝つためにはどうしても国民に訴えなければいけない。尖閣諸島領有問題を利用したいという動機もあったように思います。外交の未成熟さの問題だけではなく、従来より一歩進んでこの島の問題を対処していこうとしたのではないか。

あと、中国の今回の反応が強いことに関連して、唐家璇元外相の胡錦濤のメンツを潰したからという話が報道されたのですが、私は彼が本当にそう言ったかどうかを疑問に思っています。もし実際に唐家璇元外相がそういう発言をしたならば、これは政治家としてはかなりの失言だと思いますね。一般に中国の外交は、日本とどうつき合うかをかなり研究したうえでのものなので、胡錦濤のメンツを潰されたということへの反応ではないと思いますから。

◆漁船衝突事件

横山　韓国は竹島に関して領土問題はないという主張をしています。しかし、日本は竹島に関しては、領有権に対して争いがあるということで国際司法裁判所に訴えて、そこでお互いに議論しましょうといっています。ところが尖閣諸島に関しては領土問題は存在しないというのは、中国側からみれば日本政府のダブルスタンダードとみえるかもしれません。

王　中国側の新聞を見てみますと、例えば中国がフィリピンやベトナムと領有権で争っているときに、日本がフィリピンとベトナムに船を提供したと報道されていました。あるいは、中国と紛争のある周りの国に自衛隊を派遣して、中国に対抗するための知識を教える人員を提供したと。中国側からすると、尖閣諸島に限らず、民主党政権は隠さずに中国を敵としてつき合うようになっているといいますか、中国の発展を食いとめよう、中国包囲網をつくろうと遠慮せずにやっているようにみえたのです。

横山　うーむ。どうでしょうね。

王　中国の尖閣諸島に対する態度は、ごく最近になって変わりました。かつて福建《ふっけん》省・浙《せっ》江《こう》省の漁民の間にことわざがありました。どういうものかというと、窃盗を防ぐ、火事を防ぐ、釣魚島へ行くのを防ぐ、これが政府の方針だと。つまり治安当局は、窃盗や火事はもちろん、漁民が勝手に釣魚島へ行くことも防ぐという姿勢だった。棚上げを前提に、国有化まで中国は基本的にはそういう姿勢でした。

横山　しかし、二〇一〇年に中国の漁船によるトラブルがありましたね。

王　日本では、漁船の船長は中国に戻って英雄として迎えられたという報道がされていましたが、実際には悲惨な状態に置かれたのです。中国政府から日中関係にトラブルをつくり出したとかなり責められました。漁には出られなくなり、結局香港のメディアに助けを求めるはめになった。ですから、少なくとも今回までは、中国は基本的には棚上げ論で対処してきたと思います。しかし、その分裏切られた気持ちが出てきており、その反動として、予想以上の反発や政策をとるようになったのではないか。二〇一〇年のときとは違って、日本に対して完全に諦めた気持ちで、徹底的な対抗という姿勢です。

横山　二〇一〇年の漁船衝突事件に対する日本政府の対応ですが、なかなかその辺は、政府は実態をさらけ出したくないということがありますから我々にはよくわからない。けれども、この事件というのは、そもそも不法行為で、ある意味においては日本側にもショッ

2010年、尖閣諸島沖で海上保安庁巡視船と中国漁船が衝突する状況を記録した映像［時事、2010/9/7、政府提供の動画より］

クでした。当然中国側にもショックだったわけで、双方に感情のエスカレートを生み出しましたが、しかしそういう状況を生まないような解決策があったのかというと、なかなか難しいところです。ユーチューブに映像が流されるなど、政権が考慮していなかった事態も生じました。

王　そうでしたね。

横山　今回、そのあたりの過去の学習が生きてないということは言えるかと思います。

◆海洋資源の問題

王　中国も他の国と同じように海の大事さをやっと認識するようになったことは確かです。かつてはそれほどでもありませんでした。毛沢東《もうたくとう》は海洋に出なくても専守防衛でやればいいと言いました。しかし、政府として、国民として、海洋の大事さをかつてないほど認識するようになったのは間違いないですね。

横山　いつぐらいからという認識ですか。

王　やはり改革開放以後、特にこの十年間かと思います。海洋権益を守ろうという意識も出てきています。特に二〇一二年一一月に行われた中国共産党第十八回全国代表大会（十八大）で「海洋強国の建設」というスローガンが正式に打ち出されました。ですが、それが中国だけの特殊なものかというとそうではなく、日本も含めて、どこの国でも海洋の大事さをより認識するようになっていますね。ですので、そういう意味では、中国だけが海洋の重要性を認識して拡張しようとしているという言い方はあまり賛成できません。どこの国も海洋の権益を保護し、拡張・拡大しようとしていますから。だから問題はその仕方でしょう。

例えば日本では、中国は南シナ海などでとても強引にやっていると言われます。しかし、中国人は中国政府が南シナ海でも弱腰だとみている。共同開発がスタンスになっていますが、中国国民からしますと、自分のものならばなぜ共同開発を持ち出すのかというわけです。中国は、同じようなスタンスを今、尖閣諸島に持ってきています。中国が強くなったら尖閣諸島を独占しようということはあり得ない。つまり中国が先に尖閣諸島を占領することは絶対ない。同時に日本が先に占領することも絶対認めない。では、中国は何を求めているかというと、棚上げ、さらに共同開発です。

横山　国民の意識は違うと?

王　中国国民の意識は、共同開発ではなく、自分のものなら完全に自分のものにしてほしいということです。だからフィリピン、ベトナムとの共同開発は、中国国内で国民から批判されています。国民の目から見れば、弱腰外交だと。ネット上や、国民の議論の中でかなり批判されています。だから、おそらく中国政府は外に対しては共同開発と言えますが、国内ではそう簡単に言えなくなっている状態でしょうね。

横山　ただ、仮に中国側から見れば抑えたそういう論理があったとしても、ベトナムやフィリピンといったASEAN諸国はやはり危機感を持っています。中国のそのスタンス自体が脅威だという考えを身につけていることは、間違いない。

王　フィリピン、ベトナムにしてみれば自分のものなので、やはり共同開発はおかしいことになる。つまり中国国民と同じことを言っています。

横山　おっしゃるように中国は共産党第十八回党大会で、胡錦濤総書記が最後の演説で、国家の海洋権益を断固として守り、海洋強国を建設する、と強調するようになっています。ですから実際、ベトナム、フィリピンに対する対応と日本へのそれと、共通性があるだろうと思います。

歴史的にみてみますと、中国のいわゆる〈華夷《かい》秩序〉では、華と夷の関係というのは非常に寛容な支配でした。中華帝国というのは――冊封体制のもとにおいては朝貢システムという言い方をしますが――中国はもともと〈地大物博〉といって、土地は大きく広くて物は豊かだから、貿易によって利益を得て国民を豊かにしなくてはならないということは必要なく、周りの国々が中国に憧れて来る形でした。〈朝貢回賜〉といいますが、朝貢国が一の貢物をすれば、中国は十のものを返す。朝貢国の夷はありがたいことに貿易黒字です。そのかわりに皇帝としての権威を認めさせた。そして、王としての地位を与え、官位を与え、それらの夷狄《いてき》の国々が確保している実効支配の土地を認めましょうと。

そのような時代は、国境線などは明確にはなくて、ここまでが夷でここからは華だというものもありません。夷というのは、おおむねその周辺の国々、ベトナムなどの東南アジアや、モンゴルとかチベットもそうですが、とにかくそういう曖昧な状況だったわけです。それは寛容な支配であり、別に軍隊をもってそこを支配するわけではないとよく言われます。一方、ヨーロッパの帝国というのは、ローマ帝国もそうですが、直接ローマ人の軍人がエジプトに行って支配するような形でした。

王　ええ。

横山　ところが近代になってくると、東アジアも産業社会に入っていきます。もともと農耕社会には寛容な論理がありましたが、産業社会になってくると、今度は中国が収奪され始めてきた。それに対して、帝国を再建するようになったときには、もはや以前のような寛容な支配は産業社会では不可能なわけです。しかし、不幸なことに……不幸と言ってはかわいそうですが、今では帝国が管理する人口が十四億になっている。これは毛沢東の政策の大きな誤ちですが、現実です。その十四億を食べさせ、経済発展させるための膨大なエネルギーを確保しなければならない。つまり経済や産業を発展させるために資源を確保しなければならないという状況に今、中国は直面しているわけです。

中国は本来、海洋国家ではなく大陸国家でした。異民族が侵入してくるのはだいたい北方や西方からで、海からの脅威はそれほどありませんでした。これまで中国人はあまり海の魚を食べませんでしたが、漁業を拡張して食糧を確保しなくてはならないとか、あるいは国内で石油を掘っていたが、それも尽きてきて天然ガスを確保しなくてはいけないというような状況の中で、海洋国家の仲間入りを目指すことになってくる。

ところが、日本はもともと海洋国家です。近代においては、日本は周辺の資源が欲しいというよりも、シーレーンを確保することが最大の目的です。もちろん漁業の問題とか、そこに資源があればよりよいけれど、もともとの優先順位からいえば、安全な船舶の運航に介入されたくないという考え方で海洋国家をつくっていました。

だから、海洋国家といっても、日本と中国の立脚点は異なっています。シーレーンを確保したいという海洋国家としての日本の目的と、海洋貿易を進めるというよりも海洋資源を確保したい中国。新たな資源確保という中国の政策の中で、東シナ海や南シナ海などでの問題が生じているというのが、基本的に日本やベトナムやフィリピンの持っているイメージだという気がするのですが、どうでしょうか。

王　先ほど言ったように、この十年間、中国の海洋への意識は強くなっています。それで、海洋権益を確保しようという動きには三つの理由があると思います。まず直接の理由は、いわゆる石油の輸送ルートを確保するということです。中国が南シナ海でやっていることは、そこを遮断されたら石油を中国に持ち込みにくくなるためです。二つめに、尖閣諸島に関しては台湾との関係で海洋を考えていると思います。台湾を独立させない、もしくは他国の影響が台湾に及ばないようにという意味で、台湾周辺の海洋をみている。三つめが、横山先生がおっしゃったように、海洋資源を守るということです。たぶんこれらのことが目的だろうと思っています。資源だけが問題ではないと思いますね。

横山　ただ、石油のための安全なシーレーンの確保ということに関していえば、これは基本的には日本が先にずっとしていることです。日本の産業発展は中東の石油に圧倒的に依存しているわけですから。例えば日本の政治家の一部は、台湾が中国に統一されれば石油の海上ルートが狭まるとか、尖閣諸島が奪われれば遠回りしなくてはいけなくなるので、そういう危機感を持っているのかもしれません。このことについては、日本が確保しているルートと中国のルートというのは基本的に共通していて、別に今のままでも確保できるわけですし、そこに中国が領土を確保したり、海上基地を置く必要はないのではないかというのが、日本人の一つの考え方だと思います。

王　私が一つ不思議に思っているのは、中国が尖閣諸島を問題にし始めたのは一九七〇年代初期、海洋資源が確認されてからという話が、外務省など様々なところで言われていることです。中国の主張では、例えば最初この問題に触れたのはサンフランシスコ講和条約（一九五一年）のときに周恩来《しゅうおんらい》が声明を出しており、アメリカが尖閣諸島付近の海底調査をするときにも声明を出したとされています。ですから、中国の立場としては資源が出てから問題にしたということではないのです。なぜ七〇年代に強く言い出したかというと、沖縄返還（一九七二年）との問題も関わりを持っています。それまでは問題を提起する機会がなかったのですが、沖縄返還のときにアメリカが中国に言わずにその施政権を日本に渡したということもきっかけです。資源が確認されたからという主張は、中国側としては納得できない話なわけです。

横山　日本共産党の尖閣諸島に対する考え方は、ほとんど日本政府の考え方に一致しています。通常、日本共産党というのは政府の考え方とかなりずれがある主張をするのですが、この共産党の理解によれば、今言われたようなことに鑑みながらも、基本的には一九七〇年代までは中国側が自らの領有権そのものを主張したことはなかったという考え方です。

王　そこは面白いところです。どのような政党であろうと、どんな政治的主張を持っていようと、領土の問題になりますとおのずと自国のところに立つのです。それはどこでも同じで、台湾の国民党も民進党もそうです。日本共産党も現実にある政党ですから、そうなるのはむしろとても自然なのです。

◆覇権主義

横山　台湾の件ですが、日本側は基本的に、独立をするわけでもないし、中国に統一されるわけでもないという台湾の主張、現状維持を認めているわけですね。国際上の地位は非常に曖昧で、台湾は事実上の主権国家であり、その主権は尊重するけれども、声高に独立などということは言ってほしくないという暗黙の了解が、日米安全保障構想の中にも基本的にある。ですから、周辺の国々から見れば、台湾がらみというよりは、やはり先ほど言ったように、十四億の人口を養うための資源確保というものがあり、それは拡張主義ではないかという懸念が出てくるのでしょう。あるいは、覇道政治とは言わないまでも、覇権的な意味合いは否定できないのではないかというのが、おそらく周辺の国々の持っている、ある意味でのいら立ちだと理解できます。

王　それに関しては、中国側はとても不満を持っています。同じことを周辺の国がやっても問題にならないのに、中国が行うと覇権主義・拡張主義と言われると。そういう不満がかなり中国にはあり、中国の学者や民衆はとても反感を抱いているのが現状です。

横山　ただ私は、ある程度は歴史上やむを得ないのではないかと思うんです。例えばヨーロッパでは、フランス、ドイツ、イタリア、スペイン、イギリスも含めてだいたい同じような大きさと人口です。しかし、アジアではそういう対等さがなくて、中国だけが突出して大きい。決して悪い意味ではなくて、やはり特別に大きい中国は、地政学的にみて存在そのものが脅威と映る。中国はかつて四億の民がいると言われましたが、今は三倍以上になっています。国の存在そのものが脅威なわけですから、私から言えば、そこは周辺の国々の心配はけしからんと言うのではなくて、そうした国々の不安を理解する形で中国は海洋進出していく必要があるだろうと思います。そういう理解なく「海洋強国」の建設を進めれば、海洋進出が海洋侵略になり、海洋覇権主義というイメージを、ますます中国は生み出してしまうでしょう。あるいは中国の意図とは違っているかもしれませんが、相手国からそういうイメージを持たれやすいのは事実です。実際に南シナ海でベトナムとの小競り合いも起きていますし。

私は、大きい国と小さい国がある争点で争っていて、両国ともどこかで譲歩せざるを得ないとき、より多く譲歩すべきは大国だとよく言っています。小国がより多く譲歩したら、恨みつらみがずっと残る。大国が譲歩すれば小国は満足しますし、大国は立派な国とされて敬意が示される。国際関係というのは、パワーポリティクスの論理からみれば、大きい国・強い国がより多くの利益を取るのは当然と思われるかもしれませんが、それは勝ち組・負け組をつくって、永遠に恨みが消えなくなります。やはり基本的には大国が譲歩すべきだろうと私は思うのです。

王　なるほど。

横山　日本と中国の力関係以上に、中国とベトナム、中国とフィリピンでは、圧倒的に中国のほうが強い。そういう場合は、私はやはり中国のほうがより多く譲歩するというのが国際社会におけるウィンウィンの原則ではないかと思う。五〇%・五〇%という形ではなくて、中国が一〇%取って相手が九〇%なら安定するのではないかと私は思うのですが……理想論かもしれませんけど。

王　横山先生がおっしゃりたいことはよくわかります。それに関して中国で今議論されていることに、戦後秩序の理不尽さというものがあります。どういうことかというと、小が大を、弱いほうが強いほうを苛《いじ》めるという状況に中国が直面しているという認識があるのです。小国に対して特に毛沢東時代に譲歩し過ぎたのではないかと指摘されています。そういう被害意識が中国の中にあるため、ベトナムやフィリピンなどとの交渉で、世論が厳しくなってしまっています。

横山　毛沢東は、「三つの世界」論を主張し、世界を進んだ第一、第二世界と、遅れた第三世界に分類した。第三世界と我々は連携を結ぶ。我々も第三世界の一員で、第三世界を優先し、かわいがらなくてはいけないという考えでしたよね。

王　そうです。その結果として逆に被害を被ったという意識が、今の政策の議論の中では出てきています。ベトナム、フィリピンに譲歩し過ぎているという認識が中国ではかなり広がっていて、そこが難しい点です。

横山　ただ、大国の品位という点からみれば、やはり品位ある国家になって国際社会の中でやっていくためには、大国が小国を苛めたら、まるで品位がないことになる。やっぱり大国というのは、小国に対して大人《たいじん》としての寛容さと余裕を示すことが道義的に求められると思いますが。国際的な力関係で、毛沢東が考えていたのは二つあって、一つめは毛沢東の社会主義的な理想からいって、弱い第三世界と手を結び、助けなくてはいけないということでした。二つめ、これはマルクス主義の一つの価値観に基づいていると同時に、アメリカやソ連という帝国、つまり第一世界と対抗していくうえで、当時の中国の力関係の中では単独では対抗できないという背景からですが、第二世界を中国に近づけ、第三世界とは仲よくすることによってアメリカとソ連に対抗する戦略です。

王　はい。

横山　冷戦時代は、社会主義のイデオロギーがまだ世界的に強かったこともありますが、毛沢東のやり方に対して一定の理解――中国は道徳的な国家であるというような憧れが形成されていたと思います。ですが、それが中国は小さい国に対して譲歩し過ぎたということになってくると、これはもうパワーポリティクスの論理になってしまい、中国も遂にパワーポリティクスに移行して、毛沢東時代の道義的な話が飛んじゃったといいますか、ただ資源が欲しいだけで海洋進出をしているんだなという、逆のイメージを持たれる恐れがあるのではないでしょうか。

◆棚上げ問題

横山　尖閣諸島問題の棚上げ発言について触れますと、一九七二年の日中国交正常化交渉において、田中角栄首相が尖閣諸島の問題を持ち出したときに、周恩来は小異を残して大同を求めるべきという立場から、「今これを話すのはよくない」と言いました。この問題は小異として残しながら、大同すなわち国交正常化が大切だということで、事実上の棚上げと言って間違いないような言い方をしています。田中角栄もそれに異議を唱えませんでした。

それから、一九七八年に日中平和友好条約批准のために鄧小平《とうしょうへい》が来日して日本記者クラブで会見をしたときにも、尖閣諸島に触れています。鄧小平は、日本で尖閣列島と言わ

来日して記者会見に臨む鄧小平
［毎日新聞社、1978/10/25］

れ中国が釣魚諸島と呼ぶ島について、問題はあるけれども、日中国交正常化の際も双方はこの問題に触れないということを約束したと改めて確認し、日中平和友好条約を結ぶ交渉でも、同じようにこの問題には触れないということで一致したという意味のことを述べています。中国人の知恵からしてこういう方法しか考えられない、この問題がなぜ難しいのかというと、それははっきり言えないが、こういう問題で日中関係に水を差してはいけないと。これは十年棚上げをしても構いませんと。我々の世代の人間では知恵が足りないから、この問題は解決できない。次の世代はきっと我々より賢くなっているから、そのときにお互いに皆が受け入れられるよい方法を見つけ出せばいいということでした。

そうすると、これが一九七八年ですから、もう十年棚上げ論は期限がとっくに過ぎている。次の世代になっていい知恵が出てきたかというと、今回のような喧嘩の状態です。

王 悪い知恵ですね（笑）。

横山 そう、悪い結果になっているわけです。多分、よい結果というのは、要は棚上げ論で現状を変えないことだったんでしょう。実際に現状を変えないということにかかわらず、国有化をしたことが、中国側からは現状を変えたことになる。日本側は、東京都が買えば実効支配の形態も変わる可能性があり、それよりも国有化ということでお茶を濁して、実効支配の形態を変えないということだった。こういう争いが、ここで鄧小平が言っているよい知恵なのでしょうか。

中国側にも私は理解してもらいたいと思います。今の状況は、やはり鄧小平が言っているよい知恵ではない。日本側も、私からいえば棚から下ろした石原慎太郎のやり方が最悪だったと思いますが、その後の国有化は決してベストな選択ではないが、ベターな選択ではありました。だから、私たちはこの問題を再度棚上げにするしかないかもしれませんね。

王　おそらく中国側は、最近やっとみえてきたんですけれども、二つのことを問題にしています。一つはもちろん国有化。もう一つは、領土問題は一切存在しないという日本の姿勢です。この問題は従来棚上げされていたわけですが、中国側からすれば、要するに棚上げの前提は領土問題が存在するということです。それが、領土問題が存在しないというスタンスに変わったことを問題にしている。棚上げに対する姿勢の変化だと受けとめています。おそらく中国が何を求めているかというと、国有化の撤回というような形式的なものより、むしろ棚上げ論に実質的に戻ってほしいということでしょう。

それから、棚上げ合意がそもそもあったのかが議論されていますが、私自身はたぶんあったのではないかと思います。理由は色々ありますが、一つには例えば浅井基文という元外務官僚の政治学者や、同じく元外務官僚で評論家の孫崎享《うける》が棚上げ合意があったと言っています。それに、もし棚上げ合意がなければ、一九七二年から九〇年代半ばまでの日本と中国両政府の対応の仕方は説明がつきません。棚上げ合意があったからこそ、二十数年間そういう対応をしてきたのだと思います。

横山　難しいのは、いったん国有化したものを国有化しませんとも言えないですからね、日本側は。落としどころがみえないというか……。国有化という言葉の持っているイメージが違うのはわかりますが、何をすれば中国側が満足するのかが、日本側にはわからないというのはありますね。中国側としてはとにかく紛争があることを認めよと。認めた場合、中国側は紛争を解決するというのではなく、棚上げにと。紛争を認めなければ、棚上げのしようがないということですか。

王　そうですね。要するに圧力で話し合いのテーブルに着かせるというのが今のスタンスでしょう。それが中国側の目標ではないかと思います。

横山　しかし、例えば棚上げということになってくると、もし仮に中国政府の政策としてそういう落としどころを考えていたとしても、国民への影響はどうしますか。

王　そこはやはり中国政府はそこまで国民に説明するしかないでしょうね。かつての周恩来、鄧小平はそういう政策でしたから、我々もそれに従うしかないというように国民を説得するしかないと思います。中国の国民も、今すぐ尖閣諸島を占領して、中国のものにするというような、そこまでの発想はない。棚上げで、その後将来の話し合いで共同開発ということでしょうか。横山先生がおっしゃっていた一〇％・九〇％じゃなくて、日本なので五〇・五〇取れればという発想ですね。ただし、日本が完全に占領することを許すかというと、それも絶対許せないでしょう。

横山　中国は一党独裁社会ですから、従来は、日本は中国の共産党のトップと意思疎通をして、いわば大衆が知らないところで外交部と外務省との話し合いを含めて物事を解決してきた。ですから、今後も国民の考え方というよりは、共産党というか政府で解決を図ると。国民が過去にはなかったような、色々な形で直接意見を言っているけれども、共産党と日本の政府との間に確固たる信頼関係が築ければ、そういう問題もわりと解決しやすいのではないかという部分は確かにある。ただ、今度はそれは秘密外交だという批判が出てきます。つまり国民を排除するのかという批判は起こるのではないかという気はしますから、そこは微妙な問題です。

◆台湾について

横山　二〇一二年一〇月六日の朝日新聞で報じられましたが、玄葉光一郎外務大臣が台湾に対して、中国はデモが起こるのに、台湾では尖閣に行った連中はいたけれども、中国大陸のように暴動を起こすことはなかったと。それだけ台湾は成熟した社会なんだという言い方をしていました。できれば台湾と中国を切り離したいという意識があると思いますね。

王　同日の新聞を見てみますと、日本政府の提案で、ずっと停滞していた日本と台湾の尖閣での漁業権の交渉を再開するとしています。尖閣諸島領有問題に対しては、台湾も中国も抗議行動をして、両方が連合するというような傾向も見られましたから、それに対抗するために台湾に一定の譲歩をする必要があったのでしょう。それで、漁業権を場合によっては台湾に与えてもよいという話が新聞で報道されたわけです。

横山　戦後日本は台湾を支持しており、中国との国交正常化のために、自民党政権はやむを得ず、台湾との国交を断絶しました。しかし台湾と敵対はしたくない。少なくとも、アジアで一番友好的な外国は台湾だったわけですから。それに台湾は日本との経済の繋《つな》がりの中で発展した。ところが日本は市場の関係からだんだん中国寄りになり、台湾も中国市場に依存するようになっていく過程で、日本は台湾に対して少し曖昧な姿勢になったのではないか。日本に好意的な国だから、いつまでもそうだと思っていたら、なかなか微妙な立場になった。二〇〇八年、中国に近い国民党が政権をとって、やはりこれではいけないということを気づかされたのが尖閣諸島の問題です。この問題は基本的に中国と喧嘩することだけでは解決できないわけですから、日本政府としては中国と国境問題で対立している国々にエールを送ることによって、自分たちの立場をより鮮明にしたい。その一環で玄葉外相の台湾への姿勢があったという気がします。

王　私は基本的に日本の外交は、戦略的な外交ではなくて、情緒的な外交であると見ています。例えば台湾に対して日本は一貫した政策があるかというと、ないと思います。あくまでも中国との関係の中で利用する、一つのファクターとして扱っている。中国との関係がよくなる必要があれば台湾を捨て、逆に中国に対抗するためには台湾に甘くするという印象です。

今回の日本の台湾に対する姿勢ですが、おそらく二つのことが日本の外交当局には意外だったのではないでしょうか。一つは、台湾の独立志向が強いと見ていたのですが、最近になって必ずしもそれほど強くはないようにみえているということ。少なくとも、中国が反発するほどには強くない。もう一つは、尖閣諸島領有問題で、台湾のデモンストレーションは中国よりも強い面があったということです。たくさんの漁船が一遍に入り、巡視船も入って、日本の巡視船に対して放水したりした。中国は巡視船を派遣したものの、そこまではやっていない。そういう意味では、日本に対する意思表示は、中国大陸よりも強い面があったのですが、しかしそれはあえて言わずに味方にしようとして、今話したようなラブコールを送ったわけですね。

横山　もともと日本にとって、戦後の台湾は何かというと、いわゆるシーレーンを確保する意味で重要だったわけです。台湾海峡やバシー海峡など台湾周辺の海峡を閉鎖されると一番困りますから。台湾を中国大陸から切り離すということは、基本的にシーレーンを確保することが目的で、何かあればアメリカの第七艦隊が入っていくというパターンで今まで対応してきた。中国と国交正常化するときに台湾との外交関係は切りますけれども、アメリカは一九七九年に台湾関係法をつくり、基本的には軍事的に支援する。日米安保条約と、アメリカと台湾の台湾関係法に基づいて、台湾の地位保全がはかられる。そういう意味では悪く言えば戦略がないというか、アメリカ依存の形になると思います。しかし、アメリカも台湾海峡が日米安保の範囲内にあるということを明確にしていますし、第七艦隊が入ることに一応なっています。実際に紛争が起こったときに本当にどうなるのかはわかりませんが、いずれにせよ、日本にとっては、日米関係あるいは台湾とアメリカの関係が崩れ始めると、それまでの日本の台湾及び台湾海峡への戦略が崩れてしまいます。

私は王先生がおっしゃるほど台湾のほうが強硬だとは、必ずしも思っていません。台湾国内では、民進党と国民党との競り合いが非常に微妙なところで、二〇一二年の総統選挙では引き続き国民党が勝ちましたが、いつひっくり返るかわからない。もちろん民進党が政権をとったからといって、独立は志向するけれども、独立を宣言するということはしないでしょう。簡単に言えば、現状維持が、基本的に台湾の人たちの一般的な合意に近いと思います。そのことを考えれば、日本側は台湾政策にそんなに本腰を入れなくても、日本の利益にかなうのではないかという甘えがあったかもしれませんね。

王　そうですね。甘いというか、私は今回の報道などをみると、日本の外務当局だけでなくて、マスメディアも都合よく色々なことを解釈している気がします。先ほど述べた台湾で示された強いデモンストレーションはほとんど報道されていません。馬英九《ばえいきゅう》総統がヘリコプターに乗って、尖閣に近い台湾の島に着陸して視察したこともほとんど報道されていない。このときは台湾の空軍も海軍も尖閣諸島の近くまで行っていたのです。

中国が強く出なければならない理由の一つに、台湾が強く出ているからという側面もありました。中国のネットでは、「釣魚島を保護するためには国軍（台湾の国民党の軍隊）に頼らなければならない、馬英九指揮官で」というような議論なども出ました。台湾賞賛、馬英九賞賛を裏返せば、台湾が強く出ているのに、大陸の指導者は弱いということになります。要するに、台湾と中国大陸の指導者の競争というものも裏にはあるんです。

横山　馬英九の行動を、中国の大衆の一部がネット上で礼賛するということですが、では台湾の人々がそうした行為を礼賛することができるかというと、私はそれはまた別の問題だと思います。中国は共産党の一党独裁システムですけど、台湾の場合は競合政治です。日本もアメリカもそうですけど、選挙というもので選ばれるわけですから、そこが微妙なんですね。国民党政権は基本的に民進党との違いを明白に出していかなければならない。そのためにはある意味でかなり極端な道に行くでしょう。しかし、国論が民進党と国民党の二つに完全に分裂している社会では、そういう行為はスタンドプレーとして見られる恐れもある。国民党はもともと中国の政党であったわけですから、中国側にも親近感はあって、一方で台湾の地元の政党である民進党に対しては、中国の中では否定的な報道をずっとしてきていたわけで、そういう背景もあるだろうと私は思いますが。

王　台湾独立と尖閣諸島放棄というのは別の問題です。民進党なら尖閣諸島を日本に譲っていいかというと、そうは思っていない。例えば民進党に近い李登輝《りとうき》元総統が「尖閣は日本のもので、そこで魚をとらせるだけでも感謝すべき」という発言をしたところ、台湾では大きな反響が起こりました。結局民進党の主要な幹部は李登輝に対し、台湾の民衆への謝罪要求をした。つまり、領土の問題と独立の問題はまったく性質の違うものなので、日本が台湾の独立を支持する代わりに尖閣諸島で何か譲歩してもらうという発想は、戦略のない一方的な考えになってしまうと思います。

横山　まあ、日本も基本的に、台湾の独立に賛成するという決断はしないと思うんですね。魚釣島は明《みん》の時代の歴史的な資料に中国のものだという記録があると言い始めたのは、実は中国ではなくて台湾なんです。台湾の学者が、台湾の新聞で発表したのが先です。その後に中国の人民日報で報道されました。

明の時代の資料がそう書いているから、今の所有権があるかどうかという点は後で議論しますけれども、やはり基本的には台湾と中国とは、政治的には異なったとしても、半分ぐらいは我々は中国人だという意識があるだろうし、半分ぐらいは我々は台湾人だという意識がありますから、それぞれ都合のいいときは、こちら側の意見を強調するし、都合の悪いときは反対側の意見を強調するというので、なかなか台湾を分析するときに一筋縄ではいかないという部分があるんですね。

王　独立に関する台湾内部の議論で、日本側があまり気づいてないことがあります。それは台湾が独立したら領海も領土も守れないのではないかという議論で、そこが独立派と非独立派の論点の一つとなっています。そのため独立派の民進党も十分領海領土を守る力があると示そうとしています。そういう意味でいうと、民進党政権になったら、場合によれば今の馬英九政権以上に尖閣諸島に対して強く出ることもあり得る。国民党だから日本に強硬で、民進党はそうではないということでもありません。独立するかどうかの論争において、領海領土の防衛が独立の正統性の問題の一つになっていて、尖閣諸島にも関係してきます。

横山　少し意見が対立しますけれども、台湾の安全保障というのは、台湾自身の軍隊で守られるという状況には、もう以前からないわけですね。基本的には先ほども言いましたように第七艦隊と日米安保に守られて、台湾海峡は日米安保の対象領域だということになっています。ですから、それを崩してまで民進党が独立のために日本との関係を悪化させるとなると、それを一番心配するのはアメリカですし、アメリカまで刺激するようなことはしないのではないかという気がします。また、日本にとって一番必要なのは、先に言ったようにシーレーンを確保することです。台湾が独立することを支持するというよりも、シーレーンを確保するために、台湾と中国が一体化する、あるいは中華人民共和国の台湾省になるのが困るのであって、それ以上のことまでは考えていないと思います。

王　はい。今まではそうだったかもしれませんけれど、もし仮に中国と対立していく過程が生じれば、独立を支持するというような政策に転じる可能性は、私の感覚では十分あり得ると思いますね。戦略的に考えていればともかく、情緒的に中国が一番嫌がるところから手をつけようとする政治家はいるわけですし。

もともと国民党は、中国は一つというのが一貫した政策で、国民党自体は独立しようとはしていない。近年、中国の改革開放以後、台湾と中国大陸の経済的な結びつきはとても強くなっていて、台湾経済はかなり中国大陸を頼りにしています。その現実も見ていて、国民党は現状を維持しながら友好の関係を保っていくという政策ですね。

横山　馬英九が選挙のときに公約したことは、基本的に中国と台湾は一つだけれども、今の状況で台湾が中国に組み込まれることに関しては反対だと。政治的に見れば今のままで、経済的な関係を深めていくという方針を打ち出しています。独立志向が強い民進党に対する支持も大きいわけですから、そのことを考えながら、中国との経済的な関係を深めながらも、政治的なスタンスは独立じゃなくて現状維持だとしていますね。

王　そうです。

横山　現状維持と独立はどう違うのかという問題は常にあるわけですけれども、そういう形で来ているわけです。私としてはそのような現状以上に中国寄りにはなれないのではないかと思います。

◆国際社会への発信

横山　先日、あるアラブ世界の大使をしていた私の大学時代の同級生とメールで話をする機会がありました。彼は中国とは関係ない人なのですが、すごく興味深かったのは、中国政府は尖閣諸島問題でアラビア語で中東向けに強烈な情報を発信しているというのです。そこで、日本のやり方がいかに酷《ひど》いかをアピールしていると。過去の侵略の延長上で、いかに中国が苦しめられて、日本の主張が理不尽かということが、常にアラビア語で発信されているということでした。ところが日本は中東のアラブ世界では、国際ニュースのところにときどき出るぐらいで、何も発信していなかった。彼はアラブ世界で長い経験があるのですが、日本は情報戦略においてまったく遅れを来していると言っていました。そういう意味では中国のほうが一貫した国家戦略というものを明示している点は明確で、日本はそれに対して遅れを来しているなという感じがします。

王　今の話ですが、例えばアラビア語で尖閣諸島について中国のものだという主張をし始めたのは、二〇一二年九月頃のことですね。最近になって七種類の言葉で中国の言い分を世界に向けて発信するようになっています。

横山　七つですか。

王　ええ、七つの外国語で。

横山　日本は中国に刺激されて、遅れて発信し始めました。

王　日本はもともと原則として領土問題が存在しないという前提ですよね。だから、わざわざこの件について発信すると問題があるようにみえてしまうために、すぐにはやらなかったということではないでしょうか。一般に日本では、いつも日本は国際社会で自己主張が足りないというような言い方がされていますが、私は現実はそうではないと思う。日本は日本なりの冷静で緻密な国際主張をしています。日本が国際社会であまり主張していないというのは、一つの誤解ではないでしょうか。

ただ、いずれにしても、今回の尖閣諸島の騒動が、最終的にどちらに得になるかというと、私は中国にとって得になると思います。これまで国際社会は、日本が実効支配している尖閣諸島を問題とは思っていませんでした。しかし石原慎太郎が初めアメリカで声を高くして島を購入すると言って、それをきっかけに全世界で中国と日本があの島をめぐって争っていると知られるようになってしまった。私は、石原慎太郎は日本国内に向けては格好よくパフォーマンスできたかもしれませんが、長期的には日本にとって不利なことをしてしまったと思います。

横山　それは私も思いますね。日本はもともと問題がないから騒いでもらいたくないわけで、騒げば騒ぐほど中国の思うつぼです。騒ぎきっかけをつくったのは石原慎太郎ですから。本人は愛国主義者だと思っているだろうけれども、日本の国益というものを非常に損なってしまいました。

王　竹島に外国人のジャーナリストを韓国政府が呼んだことも、同じような文脈で批判されてますね。結局、アピールのつもりで呼んだのですが、問題が存在するということが知られるようになってしまった。石原慎太郎が意識しているかどうかわかりませんが、客観的に見てみますと、結局日本に損を与えているのは間違いないと思います。

◆暴戻支那の膺懲

横山　尖閣諸島の所有権を確立した時期の日清戦争についてですが、私の考えでは帝国主義的侵略ではありません。朝鮮半島をどちらが手にするか、東アジアでどちらが覇権を把握するのかということで、ある意味で両国が同じ立場で争っているわけですから、特に侵略戦争でもないし、後からいう道義的な日本の侵略性というものは当たらないのではないかというのが、私の基本的な考えです。もともと中国の冊封体制のもとに朝鮮はあって、支配されていたわけではないが一応朝鮮は朝貢関係を持っていた。それを日本は断ち切って、アジアにおける中国の朝貢関係を全部なくして、日本に有利な近代的な国民国家体制のほうに持っていこうとした。

やはり中国人の道義的な感情を本当に踏みにじったのは、一九一五年の対華二十一カ条要求ではないでしょうか。ヨーロッパの戦場で戦争に没頭する西欧帝国主義の間隙をぬって、うまく利用しながら山東半島の権益を奪ったというのが、一番恨みつらみの根源ではないかという気がしています。

王　第一次世界大戦のときですね。

横山　例えば明治政権誕生後、一八七四年に台湾出兵というものがあります。中国の歴史書によれば、この台湾出兵から日本の帝国主義が始まったと言われますが、台湾出兵も日清戦争も、私はそこまでは中国侵略とは違うと言っています。一九〇四年の日露戦争は中国の領域内でも戦争をしたわけですけれども、日本が事実上勝ったということになって、日本を絶賛したのが孫文《そんぶん》でした。初めてアジアにヨーロッパの支配に対抗できる国家が生まれたと。孫文は日本のもとでアジアの解放を進められるという意味で、日本に対してそんなに悪いイメージは持っていない。孫文が決定的に日本との提携をやめるようになった契機は、やはり対華二十一カ条要求が一番大きいのです。

その後、一九三七年の日中戦争のときに〈暴戻支那《ぼうれいしな》の膺懲《ようちょう》〉という言葉がありました。要は、悪い中国をたたき潰さなくてはいけないという、日本が戦争をするときのスローガンです。悪いのは暴戻支那だと。日本が中国を近代化させようと一生懸命に努力しているのにかかわらず、反日的な行為・行動をとって抵抗している、日本はそのような悪い中国をたたき潰す、もはや中国国民政府を相手とせず、そして日本に協力的な汪精衛《おうせいえい》（兆《ちょう》銘《めい》）政権と協力して、新しい大東亜共栄圏をつくっていくという発想をするときに、暴戻支那という言い方をするわけです。それは、一部のマスコミで出ていたのとまったく同じ論調ですね。尖閣諸島問題以降、世界を支配しようという侵略的な中国、そういう貪欲なやり方の中国をたたき潰そうじゃないかという。

王　ええ。

横山　〈暴戻支那の膺懲〉という形で日中戦争を正当化させた論理を、日本は本来反省しているはずです。そして、戦後はその反省のうえに中国との関係をどうやって築くかを考えてきた。ところがこういうトラブルが生じると、反省どころかまた前のスタンスに戻ってくる。もちろんこれまで話したように、中国のやり方にも色々な問題はありますが、侵略戦争の結果として日本は敗れたわけですから、やはり歴史というものを理解していない気がしますね。このようなことが起こることについて、日本人として憤慨したくなります。

王　二〇一二年の反日デモがとても激しくて、中国政府も従来とは違う徹底抗戦的な態度に転じたという理由の一つは、横山先生がおっしゃったように、中国側の議論では、最近の二、三年の日本の中国に対する姿勢が、日清戦争・抗日戦争当時の中国に対するものと変わらなくなったためとされています。そこに危機感を持っているのは間違いないと思います。

横山　ただ、私はそうは言いましたけども、日本の場合は、だからといって戦前のような侵略は、まったくもって考えていないと思うんです。今回の〈暴戻〉が指しているのは、デモで日本企業を荒らし回ったことよりも、尖閣諸島国有化を直ちに政治的な騒動にしていったということ、それから南シナ海でのフィリピンやベトナムなどに対するのと同じような圧力を加えてきている、という意味ですね。

大陸国家であった中国が新たな海洋政策を展開し、海洋国家ではあり得ない未熟な海洋政策で、日本側から言えば既存の秩序を破壊しようとしている。そうした問題点は多いものの、それを一部のマスコミですけれども、この貪欲な中国を暴戻支那と同じというような理解の仕方をしている。戦前のように軍隊を送ってたたき潰すとでもいうのでしょうか。そういうやり方ではなく、どうしたら次の政策がとれるのかという視点がないままに、過激な言い方をするのはよくない。同時に、そういう論調がのさばる雰囲気をつくった中国側の姿勢というのも、問題があるのではないかと思うわけです。

王　日本では、よく中国は貪欲などと言われますね。それは自分のものでないものをも取るというような、中国側からみれば、とても侮蔑的な言い方になっています。中国側の論旨では立ち後れた海洋政策の遅れを取り戻すにすぎないということなんですね。別に既存の秩序を破壊して、貪欲に何かを取っていくということは考えていない。アメリカや日本などの外国が過去にしたことを、中国が今遅れてすることがなぜいけないのか、という思いが中国側にはかなり強いわけです。

横山　それはすごく興味深いお話なのですが、中国の海洋政策が立ち後れていて、それを取り戻すとなると、では取り戻す元の姿はいったい何だったのだろうかということになります。そして、その立ち後れたものを取り戻すには、少なくとも戦後の秩序というものを変えていかなくてはいけない。当然、現状を改革するということになります。

しかし、後から来たものというのはなかなか難しいのが現実です。例えば、かつて中国にアメリカが後から来たわけですね、帝国主義として。それで門戸開放、機会均等という形で入っていく。そうすると、それに反発したのが、まず既得権益を持つイギリスやドイツやロシアでした。自分たちが中国を分割していたのにそこにアメリカが入ってくると、要は現状の秩序を破壊することになる。もちろん現状がいいか悪いかということは別問題ですが。

そうすると、東南アジアの海について、中国が考える正常な状況とはいったい何なのかということになります。中国の海洋政策が現状の秩序を変える場合に、相手も納得し、自分たちも納得するようなことがあり得るのかというと、なかなかうまくいかないのではないでしょうか。

◆海洋政策の是非

横山　先に述べたように、中国は海から攻められて国が滅ぶということを考える必要が歴史的にあまりありませんでした。倭寇《わこう》で明代に争いがありましたが、前期倭寇は日本人ですけど、後期倭寇はほとんどが中国人でした。倭寇を装って、自分たちで暴れ回っていました。明の政策はその海岸の町を全部焼き払って、町をつくらせず、海に出ることを禁止していった。そういう意味でも、中国においては、立ち後れたというよりも、もともとちゃんとした海洋政策はなかったのだと思います。それを「取り戻す」となると、私からすれば、新たな権益を海上に確保したいという意味に聞こえます。もっとも、国家ですし、そういう意向が出てくることがけしからんといっても仕方がない面もある。これまで海洋国家ではなかったから、今後も永遠に海洋国家になってはいけないというのもおかしい。かつて日本は、島国であったけども大陸国家になりたいと満州を支配し、島嶼《とうしょ》国家から大陸国家になっていこうとして、露骨な侵略になりました。

ここは非常に難しい。拡張的な海洋政策で、ある程度の影響力を持って中国は実効支配をしていかなくてはならない。そうなると、ちょうど日本が満州を実効支配しようとしたのと同じような面が出てくる。実効支配するところを拡大するというのが新たな海洋政策になってくると、いいか悪いかは別として、やはり現状の秩序に反するのではないかという議論が出てきます。しかし、一方では、現状そのものが不平等であることがいくらでもあります。国民国家体制の中では、領土というのは先に取ったほうが勝ちです。実効支配して、それを世界に宣言するわけですね。アフリカなんて列強が勝手に線を引いて、国境線を決めてしまった。現地の人々から見たら不満だらけで、ここは俺達の土地なんだって言っても、世界的には認められない。

そのようなことからみれば、中国の海洋政策が多少遅れていたということは理解できますが、その立ち後れを正常な形に直していくという論理と行動は、やはり周辺国家にとってみれば、すごい摩擦が起こるのも当然だと思います。

王　お話はよくわかりますが、中国としては立ち後れを取り戻すのは、先に述べた三つの理由からとされています。一つは石油を輸送するためのシーレーンの確保。次に台湾独立問題。仮に台湾が侵攻される場合は海からになりますから。さらに確保すべき資源をきちんと得るということ。中国では、これまでに本来自分たちのものであった資源が取られていたということが指摘されていて、これをもっときちんとしなければいけないという意識です。

中国のテレビで面白い議論がありました。日本は陸地面積では世界の六十一番目だが海洋面積では世界の六番目になると紹介され、中国のキャスターは、日本のその海洋面積の広さは自然にそうなったのではなく、まさに海洋政策によって確保したものだと述べていました。つまり、日本は中国を貪欲というけれども、日本は貪欲な海洋政策の結果としてそのような海域を手に入れたのではないか、中国もそうしようということです。これはどちらかというと抵抗的な海洋政策の意味合いですね。既存の他の国のものを奪うという発想ではない。前にも言いましたが、南シナ海でのフィリピン、ベトナムとの争いの中で、中国のスタンスは全部共同開発です。自分だけのものではなく、共同開発か棚上げかというように求めている。ですから、中国が海洋に出たら必ず貪欲な行動をとるというのは、ある程度中国に対する一種の偏見から出た考え方かと思います。もしくは、そう解釈する別の理由があるのかもしれませんが。

横山　王先生と争うことが目的ではないのですが、日本の戦後の秩序は戦前の反省と深い関係があります。もともと戦前は中国に侵略しただけではなくて、南方に進出していったわけです。南方に進出して、インドネシアの石油が欲しいとか、あるいは色々なシーレーンを確保したいとかということでアメリカの権益とぶつかり、そのような進出によって、太平洋戦争が勃発しました。それで、日本は結果的に敗れた。

新たなシーレーンを確保していこうとすることが、既存の秩序を破壊するという形になり、太平洋戦争が勃発する一つの要因になった。それだけが原因ではありませんが。

戦後は、日本は経済重視の産業国家となり、中東の石油を確保する政策をとっていかねばならなくなりました。だからご承知のように巨大な政府間援助をインドネシアにしたわけです。マラッカ海峡に日本の石油運搬ルートを確保するためです。これは軍事的な政策ではなくて、政治的な形でインドネシアのスカルノ政権と行いました。あとは台湾です。マラッカ海峡と台湾海峡というシーレーンを確保してきた。

これは、立ち後れた戦後の日本の海洋政策を取り戻すということではなくて、お互いに協力しながら了解のもとで行われました。もちろんそれができた背景には、日米安保条約の影響が決定的に大きいわけですが。

王　そうですね。

横山　中国経済が発展し、国内の油田だけでは足りなくなり、海外から輸入しなくてはならなくなってきて、人口が十四億にもなってくると、穀物も輸入していかなくてはいけない。エネルギーと食糧の輸入大国に中国はなっていった。中国は世界の食糧を食べつくすとさえ危惧されています。輸入大国になったための海洋政策というのは、当然それまでの中国とは変わっていかざるを得ないでしょうね。

王　ええ。

横山　ただ、国際的な秩序からいえば、先にやった国に了解をとっていかないといけないのではないか。遅れてきたのだから平等にしろというわけにも、なかなかいかない現状がある。既存の秩序について、例えば日本のシーレーンを中国側からみたときに、それは勝手に日本がつくったもので、中国が弱かったときにそれを確立したといってもです。不満であることは間違いないのですが、不満であるからそのまま海洋政策を拡大することが当然の権利だということに対しては、国際政治の立場からいえば少し無理がある。そこはどうしても話し合いなどの穏健な形で秩序を維持しながら拡大していかなくてはならないと思います。

王　私は、中国はなるべく既成の秩序に挑戦しないようにしていると思います。かなり抑制的です。かといって、では完全に従来の秩序——アメリカや日本などの敷いた秩序のままに従っていればいいかというと、それもたぶん難しいと思います。

横山　おっしゃるように、これはなかなか難しいところですね。中国は領土を支配する目的はなくて、共同開発をしていこうということですけども、他国からは覇権だという批判が出てきます。よく中国側は覇権は絶対求めないと言っているのですが。そのギャップはいったい何から生じてくるのか。

王　ええ。これに関して私は、日本もそうですけども、中国に対してフェアプレー精神で臨む必要があると思います。同じことを他の国がやってもよくて、中国だと覇権だという議論が日本ではよくありますので。そういう意味では、平等な競争権というようなものを、ある程度素直に認めたほうがいいのではないか。先ほど横山先生は、もう既に秩序があるため、立ち後れを直そうとすれば既存の秩序に対する挑戦になってしまうとおっしゃったんですけれども、例えば今度アメリカの政策がアジア重視に再転換してくれば、それも既存の秩序に対する挑戦ということになります。しかし、日本でそれを問題にしている人は少ない。中国側はそういう面をアンフェアであると感じているわけです。

横山　中国の新聞などは最近派手な見出しが多くて、これはもう中日戦争だというような感じです。ところが、日本側も、雑誌の電車の中吊《なかづ》り広告などでは、もう戦争だというようなことを言っているものもあった。日本国憲法の第九条では、国際紛争を解決する手段として武力を行使してはならないとされているわけですから戦争をするわけにはいかない。日本側は国際紛争での武力行使を禁止しているけれども、中国が最初に攻撃してくれば、自衛のためのやむを得ない手段だと。これには挑発の問題があるわけです。もちろん中国人も日本人も戦争を望んでいるわけではないので、そこまでエスカレートしない解決策を考えなければいけません。一つには、私たちはやはり理性を働かせなくてはならない。

王　もちろんです。

横山　しかし、一方では、東南アジアの国々と南シナ海でも同じような紛争が起こっていると、当然、日本側としては合従連衡策ではないけれども、そういう動きが出てくる可能性があります。二〇一二年九月に中国の空母が就航して、これは象徴的なものだけど、刺激的なものであることは間違いない。二国間交渉では中国のほうがどんどん有利になってくると、小さい国同士に合従して大国に対応していこうという欲求が出てくるのは、当然な感じとしてあるわけです。そのような事態を中国が招くと、それは中国にとっても不利なことになるわけですね。二〇一二年九月二九日の朝日新聞の「私の視点」で、北京大学の王逸舟《ワンイーチョウ》氏が書かれています。中国は陸上国境についての知識やルールには慣れているが、海についてのルールや権利義務、海洋権益の保全方法や他国とのつき合い方にはそれほど詳しくなかったと。中国側も成熟した海洋政策を打ち立てる必要があります。

王　そうですね。

横山　中国の海洋政策が未熟だと、ASEAN諸国が手を結ぶような事態が起きるかもしれません。それにアメリカが絡んでくるとますます複雑な事態になる。アメリカはもちろん慎重だと思いますが、日米安保条約の発動にならざるを得ない悲劇的な事態は回避しなくてはならない。ですから、海洋強国になると意気込んでいますが、中国側もやはりこれからの海洋政策を熟慮する必要があると思います。

◆強くなる中国

横山　オスプレイの問題なども、アメリカがアジアに入っていく戦略の一つです。普天間基地の問題などもそうですね。それに対して日本国内には非常な反発がある。日本政府は反発していなくても、沖縄は非常に批判的です。そういう意味合いでは、政策が変わることによって亀裂が起こり、きしみが生じるというのは当然ながら出てくるわけですが、痛みを伴う人たちの意見を聞くことができるかが重要です。日本の場合は報道の自由や議会があり、反対政党があり、色々な意見が言えます。沖縄の県知事があれだけ政府にかみつくことができるわけです。中国で、一つの省の省長があれだけ中央政府に文句が言えるかは疑問ですね。党国体制で政策決定がブラックボックスにあるとき、きしみが生じたときに、外に対しては不安をもたらします。

アンフェアだと言われても、ある意味ではそれに対する抵抗が生じるのは当然ですね。いずれ中国が東アジアを支配することはほぼ間違いない、という危機感の中で今の全ての議論が成立していますから。中国はいずれ既成事実を変えていくことにはなるでしょうけれど、そのときに生じるきしみをできるだけ修正する配慮をしていかないといけないのではないか。それが後から来た国の責務ではないかという気がします。先を走っている人間の傲慢かもしれませんが、そこを傲慢だと言い切るには、国際政治というものはそれほど道義的に動いているわけではないですから。

王　基本的な私の考え方を言いますと、どこの国でも強くなるという願望を持っていますし、またそういう権利もある。だから強くなること自体は問題ではなくて、問題はその方法です。その方法をめぐって議論すればよいのですが、今の日本での中国に対する議論は、強くなること自体が容認できないという議論が多い。中国は永遠に脱落帝国の状態でいい、一番になるのはおかしいという議論が多過ぎるように思います。

横山　シュペングラーの『西洋の没落』という本がありましたけど、イギリス帝国がだんだん秋を迎えて凋落《ちょうらく》するときは、それにかわってどこかが昇っていくわけです。その過程で、一つは戦争という形で相手をたたき潰して覇権を完全に握るという方法がある。しかし、歴史上の経験から、戦争という愚行はしてはいけないというのが我々の基本的な了解事項です。

王　もちろんです。

横山　しかし、現状の秩序というものは変わっていくわけです。その変わり方は、暴力的ではないと言いながらも、結果として構造的に見れば暴力になることもある。暴力とは、人に脅威を与えるという意味でもあります。相手の合意の許容範囲の外にある力によって変わっていくことになれば、そうでしょう。我々の合理的な理解の許容範囲を超えているものを、合理的な世界の中に戻して、関係国で話し合っていくということが一番大切ではないか。お互いに相手を非難しても意味がありません。

王　重要なのは、中国観だけでなく、〈対中観〉です。中国は何をしようとしているのか、自分は何をしようとしているのか、その両方から成り立つ考え方が対中観だと思っています。要するに人をただす前にまず自分をただし、それを検証したうえで言うべきなんですね。自らをただして道義的レベルが高いならば相手を批判することができますが、そうでなければアンフェアです。私は、日本の今の中国に対する議論には、この部分がかなり強い気がしています。

横山　ただ日本は、国民意識が一致しているわけではないんですね。例えば戦前の中国侵略を侵略だと思わない人たちもいます。一方で、侵略そのものだと思っている人もいる。

歴史の見方が、日本国内においてはせめぎ合っている。戦後は左翼思想の影響が強いこともあって、日本は中国に悪いことをしたという懺悔《ざんげ》の気持ちというのはずっとありました。それが揺り戻してきているということを考えても、日本の中ではそういうバランスの拮抗《きっこう》が常にあるので、中国が豊かになることはけしからんとか、いつまでも貧乏であり続けると満足感があるというのが、日本人の国民的な意識だという見方に対しては、違和感があります。

王 中国では、日本の対中態度が最近豹変《ひょうへん》したといっています。その一番大きな理由が国内総生産で中国が日本を超えたため、中国に対する嫉妬で反中になっているという議論が盛んに展開されています。

横山 ええ。だからそれはある意味においては、中国が浮かれて日本たたきが始まっている、というような、売り言葉に買い言葉みたいなイメージとなって、日中関係を損なっているということが言えます。

王 東大名誉教授の中根千枝先生が書いた『タテ社会の人間関係』という非常に有名な本があります。日本社会はタテ的な社会で、人々の関係あるいは組織と組織との関係をどうしてもタテ的にみると。タテ的な人間とはうまくつき合えるが、ヨコ的・同等的な人間とはうまくつき合えないという言い方をしています。日本は貧乏な中国、文化大革命直後の七〇年代の中国とはよくつき合えるのですが、国内総生産が世界第二位の経済大国になった今の中国とうまくつき合えない理由の一因が、そこにあるように思います。

横山　そうでしょうか。

王　私は、日本がもっと自信を持つべきだと思います。中国は確かに国内総生産で日本を抜きましたが、中国の数字はそもそもそれほど正確なものではない。実際の生活面では、日本よりは十年から三十年は遅れているというような状態です。ただ中国側のメディアの論調はどうしても国内総生産の逆転に光を当てていて、なぜ中国に対する態度が一変したのかは嫉妬や焦りから出ているというのが主流の解釈になっています。

◆領土概念をめぐって

横山　「釣魚島は中国固有の領土」白書や、九月二七日の国連総会の一般討論演説における楊潔篪《ようけつち》外相の話によると、日本は一八九五年の日清戦争末期に島を盗み取り（窃取）、

2012年9月、国連安保理での中国の楊潔篪外相。ニューヨーク
［Photoshot/PANA、2012/9/26］

島やその他の領土を日本に割譲する不平等条約を中国に強要したと言っています。島を盗み取りという言い方をしていますが、紛争があるところについて、このような言い方をするのは、穏当ではないという気がしますね。

王　多くの日本人からしますと、とても品位のない言葉遣いとみられると思いますが、中国側はそれを意識しており、むしろ当然な言葉遣いだと思っていますね。要するに日清戦争以後始まった対中侵略の一環として取ったという意味合いです。

横山　そうだとしても、ここでは歴史的な一般論を議論しているわけではないのです。

具体的な島を議論するときに、そういう発言は大人げないということは感じますね。この楊潔篪の発言ですが、その泥棒じゃないかという言い方、道徳的に劣る行為だという言い方をしているという意味では、日本が対華二十一カ条を要求したときに、後に共産党を創設した李大釗《りたいしょう》が同じような言い方をしています。全国の国民に訴える檄文《げきぶん》の中で、日本を火事場泥棒だと。ヨーロッパが中国に介入できない第一次世界大戦のどさくさに紛れて、ドイツが持っていた山東半島の権益をそのまま日本が盗んでしまったという意味ですが。

王　物事への取り組み方の、中国と日本の違いが出ているのかもしれません。中国は色々事実を挙げているのですが、その背景を強調しているわけですね。楊潔篪は強制的という言葉を使っていますが、形式上はともかく事実上中国が物を言えない状態でのものだから無効だという意味です。

横山　既に述べたように、私は日清戦争に関しては銃を突きつけて物事が言えないような状況にはなかったというのが基本的な考え方です。お互いが戦争しているさなかで、中国は負けてしまった。敗戦国が不利な条件を認めざるを得ないのは国際法上、やむを得ない。盗み取ったという言い方は、国際政治のルールからいうと言葉が行き過ぎていると思いま

■中国政府が発表した「釣魚島は中国固有の領土」白書（「人民網」日本語版、2012年9月25日）

◎前書き

釣魚島およびその付属島嶼は、中国の領土の不可分の一部である。歴史、地理、法理のいかなる角度から見ても、釣魚島は中国固有の領土であり、中国は釣魚島に対して争う余地のない主権を有している。

日本が1895年に甲午戦争（日本では日清戦争という）を利用して釣魚島を窃取したことは不法かつ無効である。

◎中国が最も早く釣魚島を発見し、命名し、利用した

中国の先人は海洋経営と海上の漁業に従事してきた実践において、最も早く釣魚島を発見し、命名した。中国の古代文献では、釣魚島は釣魚嶼、釣魚台ともよばれている。現在見つかっている範囲で、最も早く釣魚島、赤尾嶼などの地名を記載した史籍は、1403年（明・永楽元年）に完成した『順風相送』である。これは、早くも14、15世紀に中国はすでに釣魚島を発見し、命名したことを示している。

◎中国は釣魚島を長期的に管轄してきた

早くも明朝の初期に、東南沿海の倭寇を防ぐために、中国は釣魚島を防御地区に組み入れていた。1561年（明・嘉靖40年）、明朝の東南沿海駐屯軍最高統帥・胡宗憲が主宰し、鄭若曽が編纂した『籌海図編』では、釣魚島などの島嶼を「沿海山沙図」に編入し、明朝の海防範囲に組み入れたことがはっきりしている。

尖閣諸島領有をめぐる日本と中国の主張［横山宏章作成］

■日本政府の見解（外務省のホームページより）

◎歴史的経緯

1885年以降、複数回にわたる調査により清国の支配が及んでいる痕跡がないことを慎重に確認の上、1895年1月に我が国の領土に編入。その後、政府の許可に基づいて移民が送られ、鰹節製造等の事業経営が行われた。

◎我が国の立場とその根拠

1895年1月の我が国領土への編入は、国際法上、正当に領有権を取得するもの（無主地の先占）。その後、1968年に周辺海域に石油資源が埋蔵されている可能性が指摘され、1971年に中国政府及び台湾当局が領有権を主張するまで、日本以外のいずれの国・地域も領有権を主張したり、異議を述べることはなかった。

◎日本の基本的立場

尖閣諸島が日本固有の領土であることは歴史的にも国際法上も明らかであり、現に我が国はこれを有効に支配している。尖閣諸島をめぐり解決すべき領有権の問題はそもそも存在しない。

す。

文献に関しても、中国は文献の国家ですから、昔の文献を出せば日本にないようなことがいくらでも色々書かれていると思うのですが、そのときは冊封体制です。朝貢関係の中で、琉球国が中国に朝貢使者を出している冊封体制のもとで領土がどちらにあるかというのが議論になっているのですが、近代国家の領有権というのは冊封時代に生まれたものではなくて、一六四八年のウエストファリア条約以来の国民国家体制が成立してからの領土関係ということを言わなくてはいけない。すなわち冊封体制のもとには領土という概念がなかったのです。版図という概念しかないわけですから。

法律がご専門の王先生を前にして国際法の話をするのはおかしいかもしれませんが、私も国際政治を勉強してきた人間で、最初に近代国際システムを研究する場合は、まずウエスタンシステムとしてのウエストファリア条約以来の国民国家体系を説明されるわけです。

王　三十年戦争のときの講和条約ですね。

横山　はい。そうすると、この尖閣諸島の問題が議論され始めたのは、国民国家体系の中にアジアが組み込まれたときです。中国から見れば、ウエストファリア体制というものは、帝国主義的侵略のシステムなので、それに従うことはないと言うかもしれませんが、国民国家システムというものは、人間が生み出した最大の知恵ではないけれども、それを上回る知識を人間は生み出していない。冊封体制が時代遅れであることは間違いないわけですし、領土や国境を決める場合は、基本的に私たちはウエストファリア条約以降というもので考えていかなくてはいけない。

すなわち主権国家によって構成される国際社会と、冊封体制のもとで築かれてきた中華帝国の天下国家という概念とは、まったく異質のものなのです。私たちは、中国を中心とした冊封体制の概念から離れて近代的な国民国家を創出していくという意味で議論すべきです。そういう意味で、国際法に基づいた所有権はどちらが最初に宣言したかというならば、これは間違いなく日本が宣言したわけです。その前になぜ中国が宣言しなかったのかというと、中国はそんなのは宣言する必要性などないと、全然考えてもいなかったということかもしれませんが。いわば領有権という概念のなかったところに日本が初めて領有権を確立していったということです。時期の問題は常に議論され、日清戦争のさなかでの日本のやり方が卑劣だということで、盗み取ったという言葉も出るのだろうと思いますが、私は日清戦争に関しては、当時の主権国家同士の争いだという考え方です。そうすると、日本政府の立場を何か私が支持するような言い方になってしまいますが、この面に関してはそう思うということですね。

少し長くなりますが、もう一点、言わせてください。日中双方の主張の中で、疑問に思った点があります。ともに、歴史的にみても、固有の自国領土であると言っている点です。引っかかったのは「歴史的」という言葉です。歴史的といっても、日本側は明治以降の歴史にすぎません。中国側は少し古くて、それでも明代以降の歴史です。

歴史的といっても、たかだか百年ちょっと、あるいは四百五十年ぐらいの歴史しかありません。それを「歴史的」といって、支配の正統性を立証しようとするのは、少し滑稽です。何年たてば歴史的になるのでしょうか。数千年の歴史を誇る中国では、明代以降はわずかです。日本も中国も、歴史的に固有の領土というのは恥ずかしくないでしょうか。

ですから、どちらの主張が歴史的に正しいかではなく、どちらが合理的で、合法的な主張であるかを検討する必要があります。

◆中国の領土問題

横山　中国は、日本とだけではなくて色々な国との領土問題を抱えています。二〇〇八年にはあの長い中露国境線が確定されました。私は、そのときの中国側のロシアに対する論理と日本やアジアに対する論理がダブルスタンダードだという気がします。

王　どのような点でしょうか。

横山　中国は、チベットを領有しているというときには、冊封体制に準拠して、元《げん》の時代にチベットは中国への朝貢関係に入ったから中国の領土だと。その前は中国の領土でないということを認めているわけですね。元は中国なのか、モンゴル国かという問題がありますが、今の中国は元朝も中国の国だという言い方をして、冊封体制に基づいてチベットから当時北京に使者を送ったので、これは領有とみなしている。ところが、今のモンゴルが辛亥《しんがい》革命のときに独立する際には嫌々ながら認めました。最大の理由は後ろにロシアがいたためです。冊封体制の論理からは独立を認めることはできないにもかかわらず、近代主権国家としての論理で認めたのです。

ロシアとの国境線も、基本的にはあちらを譲るからこちらをくださいという形で線を引きました。その結果、四千キロにわたる国境線は明確にできたわけですけども、一八五八年のアイグン条約でとられた六十余万平方キロ、だいたいフランスの広さですけど、この領土を返せとは言わない。それから一八六〇年の不平等条約として結ばれた北京条約で、これもウスリー河以東の四十万平方キロを中国の領土からロシアが奪ったにもかかわらず、それも返せとは言わない。一八六四年に同じように今度はイリ地方のような西北の土地についても、四十四万平方キロに及ぶ中国の領土を奪ったにもかかわらず、それも返せとは言いません。

つまり、中国の現在のロシアとの国境線というのは、西欧の国民国家同士の話し合いに準じて、今の考え方でやっているわけです。冊封体制のシステムを導入しないで説明している。ですから、尖閣諸島に関して、明朝時代の冊封体制時代にあった領域概念というものを持ち出して、近代的な国家関係の領土問題に当てはめていこうというのは、おかしいのではないかと思う。それはダブルスタンダードではないでしょうか。

これは私の推測ですが、基本的にヨーロッパに対しては、中国はウエストファリア条約以来の国際法を遵守しようとしており、一方で冊封体制上の旧朝貢国――日本やフィリピンやベトナムその他の国々に対しては冊封体制の論理から領有権を主張しているのではないか。日本人と同じように、中国人もヨーロッパに対するコンプレックスがありますから、ヨーロッパに対してはヨーロッパの論理を尊重するにもかかわらず、アジアの国々に対してはそうしないということかもしれません。このダブルスタンダードの使い分けというのは、私としては理解できないですね。

王　横山先生は歴史を専攻しているのでそういうことをおっしゃるのですが、中国の政策決定者がそこまで意識していてダブルスタンダードでやっているというような発想は、おそらくないと思います。中国側に、特に近代以前の歴史を詳しく研究したうえで政策決定をしている指導者はいないのではないか。

基本的には、どうやって問題を解決するかということで対処しているのだと思います。ロシアに対する考えも尖閣諸島に対する姿勢も、そういう意味では同じということです。国民国家以前とか、中国では多分そういうことを知っている人はあまりいないと思いますし、結局ワンスタンダードで、ロシアに対しても半々にしましょう、日本に対しても半々にしましょうという、そういうことではないでしょうか。フィリピン、ベトナムに対しても、全部持ち出したのは共同開発ですし。尖閣諸島についても、中国が一人占めするという発想はまったくありません。

横山　中国が一人占めというか、実効支配されている島を奪い取るというのは事実上できないわけですね。それをやるには軍事的な行動をとる以外ないわけで、そのこと自体が非常に危険なことですから、外交交渉しかない。中国は全部ロシアと同じように半々ということですが、中国の古い本を読みますと、我々はロシアに膨大な領土を奪われて、中国はその領土を取り戻さなくてはならないということが書かれています。しかし、社会主義国家になり、ソ連の援助で中国は社会主義建設をせざるを得ないので、そこは当時の中ソ友好のきずなとして、過去にロシア帝国によって奪われた土地を返せとは言わないということになった。要は当時は中ソ蜜月時代で言えなかったわけです。

日本側から見れば、尖閣諸島を中国が独占すると言わなくても、当然ながら実効支配している現状を変えるということですから、それは半分失うということになる。それはやはり強烈な危機感が生まれてくるわけです。中国側は温情をもって半分利用させてください と言っているとしても、半分取られるほうから見れば、それを温情とみなすのか、侵略とみなすのか、これは微妙なところではないかという気はしますね。

王　ただ中国側からすれば、原則論に立てば自分のものであり、共同開発で自分も五〇％譲り渡したという議論もできるわけです。実際、私はおそらく将来可能な解決策として、それしかないだろうと思っています。現状を変えて中国が独占しようとすれば、日本はもちろん、アメリカも許さない。先に独占している日本も弾薬庫を抱えているようなもので割に合わなくなってくる。結局、解決できないときは棚上げ、解決できる場合は共同開発、これはたぶん、第二次世界大戦以後の領土紛争の唯一の解決策だと思いますね。

◆棚上げと領土問題の有無

王　中国のテレビで尖閣諸島に関してアメリカについて議論していました。そこでは、実はアメリカはおそらく日本人や中国人以上に棚上げを望んでいるのではないかという見方が出ていました。アメリカは日米安保条約の適用対象という一方で、主権問題については特定の立場をとらないと言っています。その意味は何かというと現状維持だと。日本では、日米同盟関係を強化していれば尖閣諸島の問題は解決できると思っている人がいますが、それは間違いです。たぶん中国以上に棚上げを望んでいるのは、本音ではアメリカではないかというふうに見ています。

横山　棚上げといっても、一九七二年の日中国交正常化のときの棚上げ、一九七八年に鄧小平が日本を訪れたときの棚上げと、今言われた棚上げというのは違う意味ですね。当時の棚上げというのは、それはもう問題にしないと、領有権もはっきりさせず共同開発もしないと。ところが今中国は共同開発だと。お互いの利益を半分半分にすれば、そして現状を棚上げにしましょうという形になると、あの時期の棚上げ論と今の棚上げ論は違ってきます。中国側は今まで棚上げになっていたのが国有化したから現状が変わったという感覚でしたね。

王　はい。要するに中国は積極的に尖閣諸島の現状を変えようとはしてこなかったと思います。しかし、先に述べたように国有化と、民主党政権の領土問題は一切存在しないというスタンスが理由です。

横山　でも、領土問題はないというのは、民主党の政権になって初めて言われたわけではなくて、外交上の一貫した政策です。国有化議論の中で中国から批判が出たので、それに対して改めて民主党政権が言ったわけで、態度が豹変したということにはならないと思います。

王　横山先生はそう見ているんですけれども、中国側は、従来は棚上げを認めて、いずれは話し合いの対象になると思っていたわけです。国有化に伴って中国はこの島に関して話し相手ではないということになって、反発が出たという感じですね。

横山　最初の棚上げというのは、話し合いをするという意味合いで棚上げをしたと……。

王　そういうふうに見ています。

横山　日本では、棚上げそのものであって、話し合いもしなければ何もしないというのが、棚上げの意味合いだと思うけれど、その意味合いが少し違うということですか。

王　そういうことですね。

横山　鄧小平が一九七八年に言った言葉をそのままみれば、一時棚上げをするのは話し合いを続けるということではなくて、両国政府が交渉する際、この問題を避けるのがいいでしょうということです。すなわち交渉からこの問題は外すということで棚上げという言い方にしているわけですから、素直に理解すれば、棚上げの中に、今後これを交渉するという発想はなかったと思いますが。

王　だからそこは違いがあるんです。その解釈の違いが今出てきていますね。

横山　日中平和友好条約の交渉をした際も、やはり同じくこの問題に触れないということにしたとされています。触れないということは交渉しないということですよね。

王　その前の周恩来と田中角栄首相の対話で、周恩来は、この問題はそれぞれ原則があって、それを言い出すと切りがないので、我々は日中友好という大きな目標も達成できなくなる。小の異をそのままにしておいて大同を求めようというような言い方です。周恩来は明らかにそれは主権の問題をめぐっての話で、それを話すと切りがなくなります、だから話さないということで、当然主権の問題は含められているというふうに中国側は解釈しています。

横山　当時の棚上げという意味がその問題についてはいずれ話し合いましょうという意味での棚上げだったとして、先ほどのお話だと棚上げというものを中国政府は望んでいるという話だったのですが、今、中国政府が望んでいる棚上げの前提は、今度はいずれ話し合いましょうということではなくて、共同開発を前提にしているような棚上げということですか。

王　いや、そうではなく、もし日本が手をつけようとすれば、それは共同開発の形で手をつける、日本に動きがなければ従来のように、中国も手をつけないということだと思います。

横山　国有化に関しては？

王　そこは、国有化の撤回を求めています。

横山　とにかく国有化したのはとんでもないことだというのが、今の中国側の論理ですよね。

王　はい。中国側のもう一つの議論としては、領土問題が存在することを認めることで、もしかするとそれで国有化を撤回しなくてもいいという意見もあるかもしれません。結局、国有化して、さらに領土問題が存在しないというところが、中国側は納得いかないわけです。

横山　中国側としては国有化をやめろと、しかしやめられないならば、少なくとも領土問題の存在を認めろということですか。そういう対象であるということを認めれば、中国としては振り上げた拳は下ろしましょうと？

王　下ろせるんです。

横山　非常に難しいところですね。東京都が購入するということで火がつけられてしまった。それを消すために政府は火消しを考えた。つまり国有化という水をかけたわけですが、今度は中国に火をつけることになった。石原慎太郎の火は消すことができたけど、今度は中国に火をつけてしまったと。

王　そういうことです。

横山　ここで、中国に言われて簡単に下ろすわけにもいかないというのは、もともと中国に批判的な勢力が火をつけたわけですから、中国の言うとおりに係争地であることを日本政府が認めれば、今度はもう一度そうした勢力が立ち上がる可能性があります。

王　出てきますね。

横山　そういう危機感が日本政府にはあると思いますね。

王　一方で、中国政府としても、日本から何か引き出さないと国民に説明がつかないんですね。

◆人民解放軍の動向

横山　人民解放軍という要素もありますか。

王　軍も含め、要するに政府・党・軍は全てかつての日本の侵略と戦ったことを今の支配の正統性としています。中国国民は歴史から今回の国有化を侵略の一環として捉えていますので、これを容認することは、中国の国民からすると、日本の侵略を容認することになり、指導層の責任が問われかねない。

軍は軍である以上、独自の要求や考え方があります。それはどこの国でも同じで、中国もそうです。ただ中国の場合は、軍は絶対的に中国共産党の指導下にある。党の指導に厳しく従わなければならず、党の意向を無視して軍が行動することはあり得ない。例の重慶市の薄熙来《はくきらい》の件でも、軍の一部に彼の罰を軽くしろというような者がいれば警告の対象とされます。党に対していささかの不服従でも示したら、すぐ罷免されたり処分されたりします。

横山　ただ、指導者ポストはそれぞれ二つあり、国家の中央軍事委員会の主席と、党の中央軍事委員会の主席になるかならないかというのは、常に問題になりますよね。それから国家主席と党の主席――今は党主席じゃなくて党の総書記と言いますが、国家の指導者ポストと党の指導者ポストに分かれています。

王　党の総書記は、党と国家の中央軍事委員会主席にもなります。

横山　胡錦濤は全部一人で兼ねていたんですけども、一人で兼ねたというのは相当なことですね。江沢民《こうたくみん》が全部兼ねるには、かなり時間がかかりました。二〇一二年一一月に党総書記に選ばれた習近平《しゅうきんぺい》も中央軍事委員会主席を兼ねました。しかし、中国共産党の方針に軍が一致するといっても、やはり軍の独自の意見というのは強くなってくる。党のトップが軍のトップになるけども、軍のトップは党のトップになるとは限らないですし。

王　ならないです。今では軍は高くても政治局員になれるものの、中央政治局常務委員以上にはなれません。

横山　人民解放軍は、中華人民共和国の国軍ではなくて、中国共産党の党軍ですからね。我々が考えている軍と、中国の軍とは決定的な違いがある。国家への忠節ではなく、党に忠節を誓うのが中国の軍隊です。党国体制では党の指導部は国家の指導部ですけど、やはり軍の影響力というのは大きいとは思います。軍は近代化をしたいし、やっぱり軍事的な地位というものを確定したい。空母もつくったわけですけども、それは党の政策が主導したのか、軍が主導したのか。

よく言われるように、一九九一年の湾岸戦争によって中国は軍備の近代化が遅れていることがわかったわけです。アメリカがレーダーに引っかからないようなミサイルを飛ばしているのを見て、中国の軍人は度肝を抜かれたわけですね。アメリカのハイテクな技術に中国が勝てるわけがないということで、中国は軍の兵士の数を減らし、その分のお金を浮かして軍の近代化をはかろうとした。それはたぶん政治指導者よりも軍人のほうが危機感を抱いて進めたと思います。今回、軍の考えている海洋政策というものが、やはり無視できないような感じはしますね。

王 最近、中国で党軍から国軍に変えましょうというリベラル的な論者が出てきています。党の軍隊から国の軍隊に変えよう、近代化するならそれが不可欠だと、リベラル的な論者はそう呼びかけています。それがかなり警戒されていまして、明らかに中国の軍隊は党の軍隊であり、そういう西洋諸国のような国軍という発想はだめだと反対されている。思想的な背景としても共産党の正統性と軍の正統性というのは一致していますし、軍人に一番要求していることは党に忠誠であることです。軍人が昇任するときに色々審査するのですが、一番厳しく審査していくのは党に対して忠誠かどうかです。少しでも疑いがある者は外されます。党に対する絶対的な服従は、これは軍人であるための最高の要件になっています。

そういう意味でいうと、軍隊にはそれなりの考え方・要望などはあるのですが、あくまでも党の指導部の承認がないとだめなんですね。空母の話に関しては、湾岸戦争は、横山先生がおっしゃったように中国の軍隊にかなりショックを与えました。ハイテクな戦争になっているのに、中国は五十年、百年立ち後れていると感じられたわけです。おそらく政府に対してもっと軍事費を出して現代化しようという要望はあったと思いますが、経済的な判断から空母の建造が遅れたという話があります。しかし党のあらゆる決定は正しいので、それに軍は文句を言えません。党に従うことは絶対視されていますから、党の意向を無視して軍隊が勝手に海洋政策を進めたり、勝手に尖閣諸島に何かすることはないはずです。

横山　そうですか。

王　日本では党の指導者は軍隊を把握しているかどうかが問題にされますが、江沢民も胡錦濤も把握していましたし、習近平も把握できると思います。党の指導者が軍隊を把握できないという事態はあり得ません。

第二部
国内情勢からみた尖閣諸島問題

毛沢東の肖像を掲げる中国の反日デモ
［毎日新聞社、2012/9/16］

◆デモの光景

王　二〇一二年の反日デモでは毛沢東の写真が掲げられていましたが、日本のテレビでは、あれは民衆が平等を求めているからだと解説していました。それは間違った解釈です。あの写真の意味は、毛沢東時代には国は貧乏だったけれども帝国主義的な外国に対して強かった、今は豊かになったのに外国に対して弱腰だということです。毛沢東の像を掲げることが、胡錦濤、習近平などの現指導部批判になっているわけです。不平等に関係したものではなくて、過去の指導者を持ち出して、今の指導者を批判しているということです。

横山　社会に対する不満ではないということですか。

王　はい。日本のメディアをみていて違和感を覚えることがあります。一つには、だいたいどこのメディアでも同じような報道をしていること。尖閣諸島は日本の固有領土で問題はないという主張を競い合っているような印象でした。もう一つは、激しい反日デモの背景には、日清戦争や第二次世界大戦などの歴史的な要素があるわけですが、そのことがあまり触れられていません。中国側が歴史から尖閣諸島問題を捉えていることが、伝えられていない。拙著（『「権力社会」中国と「文化社会」日本』）で書いたように、中国政府は世論統制をやっていますが、文化社会である日本でも、ある種の問題に関しては自主的な世論統制的なものがメディアに生じます。二〇一二年のデモに関する報道でもそれを感じ取りました。日本政府が報道スタンスを決めているわけでもないのに、各局が同じような報道をしていることに、少し危機感を覚えました。

横山　報道に問題があると。

王　ええ。尖閣諸島問題を解決するには、中国でも日本でも自由に議論できるような社会的な雰囲気がないと難しい。残念ながら中国はもちろん不十分なのですが、では日本にはあるかというと日本も不十分かと思います。

民衆がなぜそこまで強く反発したか。結局、歴史から来ているわけです。中国の報道でデモを見てみますと、「第二の抗日戦争」というスローガンがありました。尖閣諸島国有化を、第二・第三の侵略として捉えているわけです。中国の民衆がこの問題を歴史から見ていることに関して、日本のメディアはもう少しきちんと報道したほうがよいと思います。

横山　そうですね。

王　日本では、反日デモの原因について、若者の失業率が高いといったことが持ち出されて解釈されがちですね。しかし、少なくとも今回に関しては、純粋に尖閣諸島問題をテーマとしたデモでした。日本ではどうしても、日本に対するものよりも、裏に潜んでいる中国内部の問題であるように解釈しているのですが、少なくとも今回はそういうことはありません。あえて言えば、今話したように同時に中国政府の弱腰を批判するメッセージも込めてあるということです。

横山　先日、ちょうどこのときに、河北《かほく》省を回ってきた中国人の教員が日本にもどってきたのでお話を伺いました。そこで聞いたことは、あくまでも彼の一つの考え方だと思うのですが、二〇一二年のデモは、最初は中国共産党が主導して動員した理性ある学生のデモだった。でも、デモが起こり始めたら、中国共産党のコントロール外にある一般の青年がバーッと入ってきて、暴動を起こし始めたと。それで中国共産党はその暴動をコントロールできなくなって、それを強権的におさめたんだというのが真実だよと、その人はそういう理解をしているわけですね。それが事実ならば、初めは中国共産党がある一定の力を見せて日本側に譲歩を要求するための動員だったのが、その目的を超えてしまったことになる。確かに中国共産党は反日暴動があまり過激になると、日本側がそれに反発して、結局日本のナショナリズムに火をつけてしまい、中国的な言葉で言えば、日本の右翼勢力の口実をつくるだけだからよしなさいということを、最初の暴動のときには言っていました。

そうすると、暴動を起こした人たちの意図は、中国のやり方が弱腰だという批判なのか、それとも日本のメディアでよく言われているように、格差があって生活が苦しいとか、大学を卒業したのに就職先がないとか、そういう若者の不満が爆発したのか。その辺については、ある意味でいうと、私は中国側が説明したほうがいいと思う。どの辺まで中国共産党の意図から外れたのかどうかということに対してです。ただ、喧嘩しているときに、「ちょっとやり過ぎたので、ごめんなさい」というわけにはなかなかいかないだろうという気はしますが。

王　中国政府からしますと、そもそもデモというもの自体、どんな場合でも起きてほしくないものなんです。常にそれを危険なこととして見ています。しかし、今回どうしてデモが起こったかといえば、その伏線は例の二〇一〇年の漁船衝突事件です。これをきっかけに、中国で、尖閣諸島が日本の実効支配下にあることを初めて知った人が多かった。中国名でいう釣魚島が自分たちの国のものと言いながら、日本の実効支配を許していることが知られ、中国政府は弱腰だと、二〇一〇年からかなり不満が溜まっていました。今回、日本に国有化の動きがあったときに、中国政府はすぐには対策を講じませんでした。なぜ講じなかったかというと、胡錦濤主席と野田総理がロシアでのAPECの際に会って話をすれば、日本政府は何とかしてくれるだろうという期待があったためです。しかし、政府がすぐに何もしなかったことで国民の不満がよけい強くなりました。

不満があまりに強くなり、政府が民間のデモを抑え込むと、反日デモではなくて、いきなり反政府デモになってしまう恐れがあります。ですからそれを防ぐために、まずガス抜きということでデモを容認せざるを得なかったのでしょう。ですから、中国政府が進んでデモを組織することは、あまり考えられないと思います。

横山 ただ、私たちがわからないのは、多くの中国の人たちが、尖閣諸島そのものが日本の実効支配のもとにあることすら、ほとんど知らなかったということですよね。

王 二〇一〇年までは。

横山 しかし、仮に知ったからといって、一般国民にとって、それ自体に何らかの利益や何かがあるわけではない。それでもいつもデモが起きてしまう。そうすると、民衆にしてみれば、この尖閣諸島領有の争いというものは、あれだけの暴動を起こさなくてはならないほどのものなのか。民衆にとって、自分たちの生活にとっていったい何の利益があるのか。

あるいはそれは、ナショナリズムということで括《くく》ればいいかもわからないけれども、尖閣諸島をめぐる争いは政府に任せておけばいいわけです。にもかかわらずデモをやったということは、やはり自分たちの生活に関わる何らかの不満があったのではないか。外交問題という、ある意味では抽象的な問題で、そういうデモにあれだけ参加するということが、私にはちょっと理解できないことです。そうすると、日本のマスメディアの報道が私は完全に正しいとは思わないのですが、やはり格差の問題とか社会への不満が爆発したというのは、説明としては非常にわかりやすい。

王　そういう意味では、日本での報道はよくワンパターンになっていて、いつもよくないなと思っています。例えば中国政府の領土問題に対する姿勢への不満ですが、フィリピンやベトナムに対しても国民はそう思っています。しかし、フィリピンやベトナムに対するデモはあまり起こりませんね。なぜ日本に対してはデモをするかというと、先ほど話したように歴史からみているためで、どうしても過去のことが結びついている。逆にいえば、今の中国は、もうかつての日清戦争、第二次世界大戦時の中国じゃないという意識がそこで強く出たのかもしれません。実利益を得るためにデモしようという発想はあまりないです。例えば天安門事件のときもよくデモが起こりましたが、デモをしていた学生たちは実利益を求めてはいませんでした。そういうものとは別の信念でやっていたわけです。

横山　フィリピンやベトナムとの問題というのは、中国の一般民衆にどれだけ知られていますか。

王　もともと最初に問題になったのはフィリピンとの一件で、次にベトナムですね。これはかなり報道されて、政府はそれでとても弱腰だと言われたんですが、デモにはなっていない。日本との問題はどうしても歴史からみられるので、そこに難しいところがあります。もともと民衆レベルでいうと、一般にも外交に強さを求める傾向があり、それが弱腰外交といわれることにも関係していますね。

横山　日本の一部の世論は日本政府が弱腰外交だ、中国にへつらう土下座外交だと言う。

中国の民衆は、中国政府が弱腰外交だと。じゃ、どっちが本当の強腰外交なのか聞きたいですね（笑）。

王　そうですね（笑）。

◆反日デモの歴史

横山　歴史では日本人は中国に対して弱みを持っています。日本国民の多くは、侵略をしたことは否定できない事実だと思っているでしょう。首相あるいは日本政府の謝り方が十分でないとか、色々な言い方はあるとしても、国民レベルでいえば、大東亜共栄圏がすばらしかったというような考え方は、基本的には少ないと思いますから、歴史に対して色々言われるのが、日本人にとっては一番の弱みであって、なかなかそれに正面切って議論できないという面はあるかもしれません。

王　日本では中国の愛国教育のことが強調されていますが、実際に体験してみたらわかると思いますけれども、中国での愛国教育はどちらかというと形式的で、そんなに真剣にそれを受けとめられることはない。ですから日本に対する態度は反日教育をやったからという意見はあまり正しくないと思います。

横山　歴史的に中国には色々な抗日運動があります。前に述べたように、私は中国の反日の原点は、日清戦争ではなく、一九一五年に日本が袁世凱《えんせいがい》政権に対して対華二十一カ条を要求したことだと思っています。そして、その後、一九一八年に、軍閥政権であった段祺《だんき》瑞《ずい》を支援するために西原借款を推進していく。それから、満州事変、日中戦争と続く、これが基本的に反日の流れだと思うんです。

そういう中で、何度か中国で大きな反日デモが起きています。最初に起こったのは、一九一八年五月ですけれども、北京で学生デモが起こりました。それは何かというと、段祺瑞政権が日本と日華共同防敵軍事協定を結んだことに対する抗議でした。デモの目的は、北京政府は親日・売国政権だ、売国行為だという抗議です。反日ですが、反政権でもあります。

それから、一九一九年の有名な五四運動も、結局、西原借款を結んだ北京政府の三人の官僚——売国三官僚と呼ばれますが曹汝霖《そうじょりん》、陸宗輿《りくそうよ》、章宗祥《しょうそうしょう》の罷免を求めるものでした。北京の学生が曹汝霖の家を襲って火をつけて、たまたま居合わせた章宗祥を捕まえて殴るというようなことが起きた。工場ストライキや操業ボイコット、学生の授業ボイコットなどが起こるのですが、それも反日であると同時に、やはり反政権です。

王　ええ。

横山　一九二六年には三・一八運動。張作霖《ちょうさくりん》の奉天軍閥と馮玉祥《ふうぎょくしょう》の国民軍が争ったときに、日本艦隊が張作霖を支援するために天津の港に入りました。これはもともと一九〇〇年の義和団事件に関して結ばれた八カ国連合国による辛丑《しんちゅう》条約に基づいて、天津の駐屯が認められていたんですけれども、そこから中国の軍隊は撤退しろということを要求するわけです。結局、それに抗議してデモが起こるのですが、そのスローガンは〈反英討呉〉――イギリスに反対して呉佩孚《ごはいふ》という軍閥派を打倒しようとか、〈反日倒張〉――日本に反対して張作霖を打倒しようというものでした。それから、義和団事件で結ばれていた不平等条約を停止しろとか、段祺瑞に反対とか、だいたい基本的に段祺瑞政権に対するデモでした。

一九三一年の満州事変でも、当然、日本に対して民衆は怒るのだけれども、怒りの矛先は満州事変に対して兵力をもって対抗しなかった蔣介石《しょうかいせき》の不抵抗主義に関してのものでした。国際連盟で議論しましょうと言って戦わないわけですが、民衆は兵を前線に送って日本軍と戦えと言い、南京の学生が南京政府の外交部に押しかけて、王正廷《おうせいてい》外交部長を殴るといったことがあり、外交部長は辞職に追いやられるわけです。

それから、一九三五年に一二・九運動などがあります。河北省に建てられた親日政権に反対して北京で学生運動が起こりました。これももちろん日本帝国主義打倒が目的であるけれども、共産党と国民党の内戦を停止して、一致団結して外交に当たろうというような要求が中心で、基本的にはいわば戦わない蔣介石政権に対する抗日救国の請願デモなんです。

王　そうですね。

横山　結局のところ、中国の反日、愛国運動と言われるのは、もちろんナショナリズムの高揚であるけれども、そのナショナリズムの矛先というのは、外国——当時は日本であるし、イギリスなのですが、同時にやっぱり時の政権に対する運動というのが常にある。

先ほどの話に戻りますが、やはり尖閣諸島問題をテーマにした反日デモではあるけれども、今の政権に対する社会的な不満という側面が、私は否定できないのではないかという気はしています。

◆孫文について

横山　反日デモの背景には、中華思想があるのではないかと、よく言われます。そこで、少し話を変えて、中華民国時代の代表的指導者である孫文について述べたいと思います。

私が集英社で刊行した最初の本は『中華思想と現代中国』でした。それから異民族との関係を書いた『中国の異民族支配』があります。中華思想に関わる問題を議論したものです。ただ、中華思想を議論することがもともと私の出発点ではありません。中華民国の研究者ですから。孫文や陳独秀《ちんどくしゅう》、蔣介石……そういう人たちの中でも、革命家だと言われていた孫文という人物が極めて伝統的な思考のうえに成り立っている。最大の点は、国民・民衆をまったく信頼していないということです。その孫文を徹底的に批判したのは胡《こ》適《てき》です。蔣介石を批判するのですが、蔣介石の先生である孫文の考え方が大衆をまったく愚弄していると、ここに民主主義の一かけらもないというのがだいたい胡適の主張です。民主主義の一かけらもない人間が辛亥革命以後の革命の指導者になり、民主主義革命を唱えて大衆から革命家として評価されているのはなぜか。胡適はアメリカで教育を受けた人ですから西洋的な民主主義のフレームワークから物事を見ています。私たちも同じような教育を受けていますから、なぜ中国人からみると孫文が民主主義者といえるのか不思議で、全然民主主義者ではないではないかと思うわけです。

やはり、孫文は中国の共通した伝統的思想の影響を決定的に受けていて、孫文の周りも同様で、同時に国民全体にもそういう思想があるから、孫文という人の思想に違和感を抱いていないのだろうと思います。胡適や私たちは違和感を覚えるけれども大衆はそう感じていないということは、共通した中華思想があるのではないか。私は別に日本的に解釈した中華思想という意識は全然なくて、基本的には中国の人たちの孫文批判をベースに組み立ててみたうえで、中華思想というものがクローズアップされてくるだろうという考え方です。

王　孫文の話に関して、胡適は完全に西洋的な教育、西洋的な発想で中国を見ていたんです。それで、孫文が戦ったのは清《しん》の皇帝で、要するに本来の中華思想の体現者の清政府と戦っていた。そして、なぜ胡適が孫文を批判するかというと、これはあくまでも西洋的な発想で批判していますけれども、孫文はいわゆる中華思想と西洋思想の真ん中に立った人間なんです。孫文は、ある意味では中華思想と戦った人間であり、そういう意味では私は、孫文が中華思想を身につけていて影響力を発揮したというようには思いません。彼は、ある程度、中華思想や伝統に対する反動の人間として、歓迎されていたわけです。

横山　孫文は民族主義的な思想と、民権主義といいますか民主主義的な思想というものを両方掲げていた。もう一つ民生主義がありますが、それは別問題ですね。

そうすると、ナショナリズムの問題からいうと、清朝を打ち倒し、漢民族支配を取り戻す。清朝支配についていえば、それは伝統的な中国の支配体制ですが、清朝体制の中華思想を抱えた皇帝専政を打倒して……、

王　共和国をつくる。

横山　ええ。ただ共和主義者だけど、民主主義者じゃないんです。共和主義は民主主義とは、必ずしも一致するものではない。共和国に独裁者はいくらでもいるわけですから。そう考えますと、孫文は確かに西洋思想の圧倒的な影響を受けていて、共和主義とは言っているけれど、私は国民党や共産党が実現してきた党国体制、党が国を治めるシステムとい

うのは、皇帝あるいは科挙で選ばれたエリートたちによって中国を支配するという伝統的な考え方と、変わっていないのではないかという気がするわけです。

◆権力システムとしての中華思想

横山　私は、中国でもいずれ侵略者に対抗する抵抗ナショナリズムが終わっていくのではないかと思います。国民はまだまだそういう歴史観を持っているかもしれませんが、政策決定をする人間は、過去は尊重しなくてはいけないけれども、国づくりとしては改革開放の成果を踏まえて、より発展させるための政治選択を考えていくべきでしょう。抵抗ナショナリズムは、その残滓《ざんし》はあるとしても、そこにとらわれることは生産的ではないと、私などはそう考えていますね。過去に引きずられている面と、未来を見つめた建国ナショナリズムのせめぎ合いはいつ終わるのでしょうか。

王　いわゆる抵抗ナショナリズムが終わっていって、中国が改革開放で強くなったら、次はいわゆる中華思想で中華帝国をつくるという、日本での中国研究家もそうですが、多くの日本人がそう思っていますね。中華帝国、あるいは華夷秩序という話が必ず出るといいますか、多くの日本人が中国をそう見て、そこから脅威を感じていると思います。私はそれに疑問を持っています。そもそも中華思想というものが果たしてあるかどうか。華夷秩序という、中国が中心で周りが属しているという意味での中華思想の見解は、アメリカでもヨーロッパでも少ないと思いますが、日本には多い。それはなぜなのかと考えていました。

私が思うに二つの概念がある。一つは、横山先生が論じておられますが、中国をどうみるかという〈中国観〉という概念。もう一つは、先に述べた〈対中観〉です。これは中国とどうつき合うかということです。私は、おそらく大事なのはこの対中観という概念だと思うのです。中華思想がなぜ日本でそう解釈されているのかというと、日本の文化のなかで中華思想を捉えているからではないか。言い換えますと、変な言い方かもしれませんが、やまと精神・やまとロジックから中華思想を解釈しているような感じです。例えば中国が中華思想ならば、日本はどういう思想なのかを考える必要がある。これが対中観に繋がります。相手と自分という観点、中国はどうか、みる側の日本はどうかという視点が大切です。

横山　どういう意味でしょうか。

王　やはり日本ではどうしてもタテ的な人間関係を志向し、ヨコ的な関係をあまり望まないようにみえる。私は色々な本を読んでそう感じるようになっていて、とても危機感を抱いています。中華思想は、本当に日本で言われているような思想なのか。中国が強くなったら、必ず周りの国を属国にして、華夷秩序をつくるというような考え方には疑問を持たざるを得ません。

横山　中国はご承知のように、色々な民族があり、色々な文化がある多様なモザイク国家です。日本文化は、他の国や中国に比べればわりとシンプルですし、やまと民族だけで形成されているわけではないですけれども、中国ほど多民族ではありません。中国の場合は多種多様な民族があり、国際政治の概念では帝国です。帝国というのは、実は広い領土と数多くの民族と数多くの文化をコントロールしてつくられるもので、これはヨーロッパやアラブの世界でもそう形成されている。そうすると、ある意味で非常に緩やかな発想ですけれども、基本的には権威というものがどこかにないと帝国というのは一つにまとまりません。その権威というものは中国の場合は皇帝にあって、中華の華と夷狄の夷で華夷秩序という言い方をするわけです。冊封体制の一環として位置づけられるという、政治的な支配の思想です。だから、中華思想といってもそれが中国の国民一人一人にあるとか、漢民族はおごり高ぶった民族であるということではないんですね。

中国が力を持ってきた現在、そこでの悩ましい問題は、近代国家としてはあまりにも大き過ぎるということです。あまりに人が多過ぎます。実は、これは非常に大きなハンディで、だから中国の指導者になるのは大変だという気がするわけです。しかし、それを担わなくてはならないという使命感を持った場合、華夷秩序的なもので、ある意味において中華圏というか東アジアというものを秩序づけること以外の方向はないのではないか。文化としての中華思想というよりも、権力システムの問題としての中華思想というものが、現在も消えていないのではないかという気がしているんです。

王　そういうような対中観で見ますと、どうしても中国を強くならせてはいけないとなりませんか。強くなっていけば必ず周りを取り込んでいって華夷秩序をつくるという考え方ですと、日本と中国がつき合う、あるいは中国と他の国がつき合うのを難しくさせてしまうと思います。

横山　二つあると思いますね。中国が強くなることを非常に嫌っている人たち、支配されると警戒している人たちと、もう一つは、中国が強くなるのはもう当然のことだと考える人たちです。かつて歴史の中であれだけの輝きを持っていた国ですし、それを取り戻したって何らおかしくないということです。

ただ、中国が強くなるときに、かつてのような華夷秩序のもとで系列化されるのか、それとも新しい近代国民国家の秩序のもとで系列化されるのかは、大きな差です。もはや昔のように周辺国も中国から学ぶ、あるいは中国から色々なものを得なくてはならないわけではないですから、かつてとは違う新たな華夷秩序というものを考えるべきだということですね。そこには人権とか主権在民とか、かつての華夷秩序にはなかった要素がたくさん必要になってきます。

◆拡大する中国の課題

横山　既に触れているように中国はもともと大陸国家としての長い歴史を持っています。それで、王朝時代の帝国の伝統が、現代の中国にどれだけの影響を与えているのかという問題があります。また、清代末期に帝国主義の外国列強に侵略され、その克服も含めた辛亥革命以降の中華民国時代から続く近代国家づくりの持つ問題を、今も抱えているという面があります。

それから、一九四九年に共産党政権が誕生してからの政策の影響もありますし、さらに言えば、毛沢東時代の政策の延長と改革開放政策の延長でもあり、やはり改革開放政策の議論だけで中国をみることはできなくて、そういう四つぐらいの時代の課題が全部現在の中国の中に流れ込んでいる。では、その四つの時代の政策の共通面――変化したのも当然ありますが――は何でしょうか。

『中華民国』という本を書いたとき、私は副題に〈賢人支配の善政主義〉という言葉を使いました。賢人・エリートが支配し、善政主義を行う。理念としては善政、国民の求める理念を実現しようというのが支配の正統性です。実際に、帝国時代、王朝時代でも皇帝の任務はそうだったのです。やはり〈経世済民〉で、国家を安定させて民を豊かにするということが目的です。中華民国時代の政治体制は、基本的には〈党国体制〉、以党治国といいますが――党を以《もっ》て国を治めると。党というのは選ばれた賢人・エリートの集まりで、そこには大衆が入らない。なぜ入らないかというと、大衆は愚民だからということです。衆愚政治やポピュリズムに陥ってはいけないという理由で、議会も招集しない。選挙をしたら大衆の意識にぴったりのばかな連中が選ばれるというわけです。孫文もそういう意味のことを言っていました。

最終的に社会主義というイデオロギーに変わったといっても、結局その以党治国・党国体制は今も変わりません。党が国を治める、大衆を政治参加させないという、この点は一貫しているわけです。

王　今は中国共産党の支配ですね。

横山　そのような一貫性がなぜあるかというと、やはりあのような大きさの帝国を維持していくという理由があると思います。小さい国民国家なら別ですが、大きな帝国では民主的な体制よりも、上からの指導力を発揮して、多様な文化集団をコントロールするほうがまとめ易い。ですから、理念的には個人の生活を守るという〈済民〉ですが、実際は、国の意向というのが強いです。

王　後で述べますが、中国だけではなく、世界的に議会制民主主義が危機にあると思います。

横山　ある日本でのシンポジウムで、中華思想はけしからんという言い方をする人たちに対して、中国の人が、結局あなた方は中国が強くなることが嫌なのだろうと指摘していました。まさにそのとおりで、その中国の人は、遅れたままの中国を望むのは時代錯誤も甚だしい、どうやって新しい秩序をつくっていくかということのほうに努力すべきだと言っていました。私は、中国が豊かになり、大きくなっていくのは当然のことだと思っています。ただ、そこには経済格差などの諸矛盾も含まれている。それが大きくなっていく過程の産みの苦しみなのか、本質的に解決できない苦しみなのか、そこには非常に問題があるけれども、過渡期ではあるわけです。近代史の中では逆転の歴史になってくるわけで、抜かれるランナーとしては悔しいかもしれませんが、抜いていく人に拍手をおくるのも当然のフェアプレーだと思います。

王　近代以前の中国、何千年前の中国を根拠にして、これからの中国がこうなるという理解の仕方は、私はちょっとどうかと思っています。その中国観の根源に、日本的な理解による中華思想があるように思います。

中華思想とか華夷秩序というと、どうしても中国は一人で大きくなり、周りを属国化するというようなイメージになってしまいます。華は中心で夷は外というような印象でしょうか。しかし、今の中国は誰がつくり上げたのか、華をつくったのは誰かというと、むしろ夷によってつくられた国とも言えます。始皇帝はもともと夷の人でしたし、元の時代はモンゴル族ですし、清の時代も満族です。今、純粋な漢民族はというと誰にもわからない。日本は中国の隣ですから、中国が強くなったら自分たちは飲み込まれるという発想になってしまいがちですが、そうではないと思います。日本でいう中華思想は結局、和化された、日本化された中華思想のように感じます。なぜ日本の中国観がそうなっているのだろうかというと、先ほど言った日本的な精神——やまと精神のようなものが根底にあるように思うんですね。

例えば、日本と中国が並列して、二つの竜としてアジアに立つことができないかというと、できるはずです。日本にはなぜそういう発想がないのか。生活の質でいえば、日本はまだまだアジアで一位です。両国がよって立つことは十分できるのではないでしょうか。

横山　やまと精神というものが本当にあるでしょうか。それはちょっと疑問ですね。日本には、明治まではアジアを中心とした国際社会の中で主導権を握ろうという発想は基本的にあまりなかったわけです。秀吉が朝鮮から明を支配しようとはしましたけれども、それは例外ですね。むしろ国際社会の中で位置づけられることは拒否して、どちらかというと、日本人は大名を中心とした分権社会の中に自分たちを位置づけていた。明治以降は、基本的にウエスタンインパクト、西洋の脅威に直面して、対抗的な秩序をつくっていかないといけない中で、中国が弱くなっていた当時の状況に鑑みながら、中国に代わる大東亜共栄圏をつくろうとした。これはある意味で空威張りする弱者の論理なわけです。

それが今、中国が強大な国に移行するときに、たぶん日本人から見れば、中国が大きくなっていくこと自体に対しては、そんなに違和感はないだろうけれども、中国も健全な社会になってほしいというイメージは強いと思います。内容的には難しいですが、その健全な社会の基準は何かというと、日本的なやまと精神というよりも、やはり西欧的な人権や民主概念、あるいは敗戦の中から日本は協調や平和などを学んだわけで、そうした基準で中国をイメージしていると思います。

日本経済がだんだん傾いて、日本人の自信が揺らいでくると、そのような人権とか民主とか平和とか経済発展とかいうイメージよりも、少しナショナリスティックなもので中国に対抗していく傾向が生じてきます。一部の人たちは、中華思想はけしからんと中国を非難することによって、自らの存在を大いにアピールしようと考えているのかもしれません。ただ、私個人は、中国が再び帝国的なものになっていくだろうけれども、それが全て悪だという考えはない。それはやはり健全な形で変わっていけばいいという考え方です。

王　明治以後の日本の動きは西欧の脅威に対する弱者の論理だ、というのも日本人が好きな一つの解釈ですが、もう一つ、欧米がしたことをアジアでしようとしたという解釈もできます。

もっとも、私はそのいずれかだけで明治以後の日本の動きを解釈し切れるかどうかは疑問です。やはり、そこにプラスした何か日本に固有な要素があると思う。ヨーロッパの模倣や弱者の論理で説明し切るのはとても難しくて、そこには先のタテの関係を志向するという日本の文化が反映されているのではないか。また、例えば人権問題や格差社会という部分は確かに中国にあるのですが、やはり大きくなること自体をまず警戒して、そのうえで問題を色々指摘しているように思います。

横山　よく、変わる中国、変わらない中国といいます。〈革命史観〉といって、共産党や国民党の歴史観においては、変わったことがすごく強調されますが、私は伝統的なものが残っていると思います。変わってはいるけれども、変わり切れてない。変わり方も、かなり伝統的な枠組みの中で変わっていて、一新されているわけではありません。

民意という点でも、毛沢東は、上から下へ、そして下から上へという循環を通して、民主的な政策決定がされるといいますが、結局、民意を汲《く》み取るというよりは自分たちの施策を大衆に知らしめるような、悪く言えば大衆動員という形になっている。皇帝支配の原理、国民党の一党独裁、共産党では階級が国を治めるという、常に上からの支配なわけです。党が皇帝になっている。蔣介石や孫文は皇帝ではないので、民主体制を装っているものの、実際は〈党国体制〉です。のちに共産党になっても、党と国家が切り離せないとなってくると、どこにも民意が入っていく隙間がありません。今、その隙間を、ネット社会でどうにかしようという動きもありますが、中国共産党は、まだ民意を汲み取る体制をシステムとしてつくり上げていない。民意が台頭してきた今、政治の支配システムは変わらないわけですから、亀裂の時期だと思います。

王　中国共産党は、今、民意に非常に敏感になっています。

横山　ええ。先に賢人支配の善政主義について述べましたが、善政とは何かというと、それは国民が希望しているものなわけです。国民が希望している政治を国民の手では実現できないので、国民に代わってエリートである我々がやっていく。これを〈代行主義〉といいます。代行主義というのはトロツキーが言い始めたのですが、国民に代わって党が政治主導する、党に代わって中央執行委員会がやる、中央執行委員会に代わって書記局がやる、書記局に代わって書記長スターリンが個人独裁をするという、要は代行主義というのは、論理的にいくと、すべて最後は個人独裁にいってしまうシステムなんですよ。

王　その人が善い人とは限りませんね。

横山　そうです。だから、毛沢東も、よい個人独裁と悪い個人独裁があると言っています。悪い思想を持った人が指導者になると、それは悪い独裁だけど、よいイデオロギーを持った、よい指導者がなると、よい個人独裁だというのです。でも、その基準が問題になってきます。毛沢東は主観的には、よい独裁者と自任していました。

◆領土問題に対する日本の姿勢

横山　日本人の発想の違いと中国人の発想の違いが、文化的にどうあるかということについては、王先生が色々書かれていますね。私はあまりそうした意識を持ったことはありませんが、私の観点からも、領土問題というものはそれぞれの国によって違いがあると思います。日本がロシアに対して北方領土返還を求める主張と、尖閣諸島の問題とは違うわけです。つまり、別の戦略でなければならない。北方領土の場合、一九五六年の日ソ共同宣言で松本俊一たちがロンドンに行って交渉し、鳩山一郎がモスクワで締結してきたときの政策は、ある意味でシンプルです。策が何個かあり、最善の策は四島返還、最悪は二島返還でいいじゃないかと。それで初めは二島返還で合意しようと思ったけれども、もう少し日本側が押せばソ連側は譲歩してくるのではということになって、急に四島返還を求めるわけです。結局平和条約が結ばれれば二島返還するという線に戻る。二島にするか四島にするかという交渉です。

しかし、尖閣諸島では、そういう国民国家の国際法のルールの中での交渉ではない面が出てきます。やはり中国の伝統的な政策の本質というものを見出さなくてはいけないわけで、同じような論理で見てはいけない。ということは、中国共産党の支配というのは、マルクス・レーニン主義に基づいているだけではなくて、中華思想なりの組織原理があるのではないでしょうか。

王　そうでしょうか。

横山　中国が権力システムとしてつくり上げてきたものは、簡単に変わるわけにはいきません。日本だって天皇制は続いているわけで、そうした伝統というものを完全に無視するわけにはいかないのです。

王　このことに関連して、今中国で言われていることが一つあります。つまり、日本は、中国、ロシア、韓国と領土問題を抱えていますが、一番強硬に臨んでいるのが中国に対してであって、韓国やロシアが日本に対してしていることを、日本はそのまま中国に対してしている、ということです。中国では、なぜ中国には強硬な態度で、ロシアに対してはそうではないのかと議論されています。韓国についても譲歩してなるべく味方につけようとしていると言われています。

中国では、この件について驚いた話にもなっています。どういうことかというと、基本的に日本社会は強者を恐れる強弱原理で行動していると。第二次世界大戦でアメリカやロシアは日本に勝ったので、日本人はいまだにアメリカやロシアは恐れているのだと。それに対して、中国が第二次世界大戦後、日本に対してしたことは、戦争賠償放棄や、残留孤児を養って帰したこと、捕虜を帰したことです。原爆投下や大空襲を行ったアメリカや、捕虜をシベリアに抑留したソ連に較《くら》べて、中国は日本に優しく対応したのに、なぜ中国にだけ強硬に出るのかが不思議な現象としてみられているのです。

横山 興味深いお話です。私たちが知らない中国側の論理ですね。

王 中国側から言えば、日本は、尖閣諸島については一切領土の問題は存在しないとして、最も強硬な態度で臨んでいるということですね。

横山 北方領土、竹島、尖閣諸島と三つあるうち、日本が実効支配しているのは一つだけですからね……。残りの二つは相手に実効支配されていますから、交渉して決着をつけるということになる。尖閣諸島は日本が唯一実効支配を堅持しているので、当然それに対する何らかの侵害には断固阻止したいということが一つにはあるのかもしれません。中国人は日本の侵略に苦労させられながらも、日本人に対しては温かい目を向けてきたとよく言われます。残留孤児などを育てたのも中国であり、中国の日本人に対する政策に鑑みれば、もう少し日本人は感謝すべきではという言い方がよくされます。

これは、なかなか難しい問題です。例えばその後、日本が中国を経済的に支援して中国が豊かになったのに日本にケチばっかりつけると言う人もいるわけです。このあたりは、両国で正しく報道されなくてはいけない。それが十分になされていないという、両方の問題があろうかと思います。

王　メディアの問題は大きいですね。

横山　今の若い人はどうかわからないけど、私たちは戦後、アメリカの日本に対する復興支援のおかげで豊かになったことに関しては、アメリカへの感謝があるわけです。もちろん一方では、例えばベトナム戦争であるとか、基地の問題でアメリカを批判していますが、アメリカが膨大な支援を行ったことに関しては感謝がある。ある意味では、戦後の日本人はアメリカから与えられたミルクで育ったとも言える。そういうアメリカに対する感謝はあるのに、日本人が中国に対する感謝とか、中国人が日本に対する感謝を素直に表現できないというのは、大きな問題だという気はします。

王　日本は、領土問題に関する姿勢の違いについて、中国にもっとよく説明したほうがよいかもしれません。日本に強く出れば優しくされる、優しくすれば強い態度が返ってくるというような印象がもたらされるのはよくない。そういう議論は結局、対抗を引き起こすしかないので、私はとても危機感を持っています。

横山　日本でも同じように、中国をつけ上がらせないためには毅然《きぜん》とした態度――喧嘩腰で臨んだほうがよいという意見も出ています。弱みを見せてはいけないということは、歴史のなかでは参考になる一つの意見ですが、反対のケースもいくらでもある。つまり強硬な姿勢が逆に解決を遅らせる可能性がある。確かに謝罪ばかりしていることについては日本側に不満は残るかもわかりませんが、物事というのは自分たちの満足するような形だけで解決するのかというと、やはり難しいのが現実です。そうすると相手には不満が残りますから。

両方が利益を得るような解決の方法というのは確かに難しいことではあるけれど、それに向かってお互いに譲歩しなくてはいけないと思います。

◆文化のための政治

横山　日本に多くの中国人留学生がやってきています。私が大学院で教えているゼミの中に日本人は一人ぐらいしかいなくて、あとは中国人や韓国人、台湾人です。なぜ日本人の私が中国人に対して中国のことを教えているのかと、不思議に思うことも多い。修了後は、もちろん日本にそのまま残る人もいますが、多くの人は中国に帰ります。日本に留学すると日本嫌いになると言われることもありますが、これだけ膨大に中国から来ると、日本の進んでいる部分や日本人の優しい部分を知って帰ってくれる人たちもいるのではないか。そうした人たちが、中国の日本観を変えることができると思いますか。

王　改革開放以後の中国は、事実上どこをモデルにしていたかというと日本です。経済面も法律面もそうです。政治面に関しても、中国共産党は一時期、日本の自民党が選挙制度がありながらどうして長期政権を維持できたのかを研究したことさえあります。そういう意味では、中国人は単に日本を敵視しているわけではありません。

横山　日本で「教授」ビザを持っている在日中国人は二千人以上いるそうです。ところが、日本人で中国に留学して中国の大学の専任の教員になっている人は、ほとんどいません。

王　最近はいるようになっていますね。

横山　少しはいますが、非常に数が少ないです。私はやはりこの文化的交流のアンバランスを解消したほうがよいだろうと思います。まあ、今回のような事件があると日本人の教員も怖がってしまうかもわかりませんが。

王　私は、日本側が、中国の対日感情を必要以上に悪くみる必要はないと思います。中国人は基本的に、怒ったらデモなどの激しいことをやるけど、終わったらもとに戻ります。例えば今回の問題で、日本への観光客が減ってきていますが、少し落ち着いたらもとに戻るでしょう。そういう意味では日本は中国とうまくつき合うことは十分可能ですし、その工夫をしたほうが日本のためにもなるはずです。言い方はよくないかもしれませんが、中国をうまく「利用」したほうが得策ではないかと思う。意地を張るのではなく戦略的に動くという発想が必要ではないでしょうか。

横山　政治的な問題はさておき、庶民的な一般人のつき合いのレベルからいうと、社会的に安定していて外国人にとって住みやすい環境なのかということが重要になります。私が初めて中国へ行った一九八一年からは、もちろん中国はすごく変わりました。昔よりは明白によくなりましたが、まだ外国人にとって必ずしも十分な環境ではないように思います。それで、こういうデモで日本人が攻撃されると、結果として中国に悪印象を持ちますし、やはり中国社会にもう少し安定してほしい気はします。

王　それはそうですね。

横山　そのために中国側がどれだけの努力をしているかということですね。日本の政治家は一方で謝罪しながら、一方で靖国神社に参拝しているとよく言われますが、日本人から見れば、中国の政治家は一衣帯水《いちいたいすい》で日中は仲よくしなければならないと一方で言いながら時々日本を激しく非難することがあって、今は、何かお互いの不信感を増殖させている印象です。その不信感が増殖された中で、日中友好をいくらやっても空しい感じはします。私たちは民間交流で一生懸命努力していますが、民間交流のそうした努力を無にするのはほとんど政治家ですよ。トップにいる政治家同士の過ちが圧倒的に多いですね。それは日本の政治家にも責任があるし、中国の政治家にも責任があります。その悪循環をどこで断つかは政治の役目だと思います。

王　両国の政治家に、〈経済や文化のための政治〉をやってもらうということです。政治自体が目的ではなく、経済や文化、民衆のための政治をしてもらうことが、政治家に求められていると思っています。

◆メディアの問題

王　尖閣諸島の問題が激化したときに、中国の税関で日本の新聞が止められたという報道がありました。私は、新聞を止めるような行為には大反対です。日中間の問題解決をするために何が大切かというと、まずはそれぞれの国内の雰囲気や情勢の正常化が必要で、それぞれの社会で相手が具体的に何を主張しているのかをわかるようにしなければいけない。日本でも中国でも、相手が何を主張しているのかを自由に議論できる、自由に情報に接触できるような環境づくりが必要だと思っています。それは外見上言論の自由が不十分な中国の問題でありますが、実質的な自主規制が効いている日本でも同じことが言えます。

横山　言論の自由があるはずの日本でテレビを見たとき、ほとんど同じような意見の人しか出ていないという感じはあるかもしれませんね。

王　特に問題が過熱しているときはそうでした。少し落ち着いてきて多少変わりましたが、デモのさなかではほとんど皆同じ口調だったので、すこし危機感を覚えました。さらに危機感を覚えたのは、平和か戦争かという国と国との厳粛な大問題なのに、やじ馬的な扱い方をしているメディアがあることでした。面白くやっていると思っているかもしれませんが、実際には人々の考え方に大きく影響を与えているのではないでしょうか。

横山　そういう傾向はあるかもしれません。

王　扱っている問題の重大さ、厳粛さをもっと認識して、メディアも対処すべきではないかと思っています。あと、例えば主流的な論調と違った話をした人間が、雑誌などで売国奴などと人身攻撃などをされるのもどうかと思います。中国が言論の自由を封じ込めるときには大体有形の力を使ってしまうのですが、日本では政府はしないものの、メディアなどの無形的な力で封じ込められるので、同じように怖いと思います。

横山　私たちも売国奴と言われるかもしれませんね（笑）。

王　ですから、日本の新聞を止めるのはよくないんです。私も中国のテレビが取材に来たときに、棚上げや共同開発の話をしたらそれは放送されませんでした。中国人ですし、中国のものと言わなくてはいけないんですね。もっと自由に議論できる環境、双方がどう考えているかが伝わる環境が必要です。

横山　ええ。基本的に日本と中国は違う社会であり、違う国家であり、違う政治体制なので、その違いがいけないと言って全面拒否しても始まらない。もう中国とはつき合わないといって、日本列島をアメリカのほうに持っていくわけにもいきません。自分たちの論理だけで相手と議論しても、まったく非生産的なわけです。お互いに自分の論理で相手が悪いと言い続けるだけになる。違いというものを認めたうえで、議論する必要があります。

王　そう思います。私が危惧しているのは、尖閣諸島問題で国のあり方が変えられてしまうかもしれないということです。例えば、憲法九条が改正されるとか、集団的自衛権を承認したりとか。中国側が下手に対応しますと、日本の右傾勢力が日本をそういう方向に行かせる口実を与えてしまうということもあり得ると思います。

横山　中国も言っていましたが、騒げば騒ぐほど日本の保守を刺激するだけという面はあるかもしれませんね。中国も自衛隊を引き出したら失敗でしょう。

王　そういうことです。そこは最近になって気がついています。例えば、軍隊の人は勝手にテレビでしゃべらないようにしていますね。もちろん軍は党の指示に従わなければいけないのですが、言論の自由ということで勝手に取材を受けるケースがありました。

横山　何かでみましたね。

王　ええ。勝手に過激な発言がありました。

横山　中国メディアでも、相当過激な見出しがありますね。今にも日中戦争が起こるような見出しが躍っていました。ちょうど湾岸戦争のときにシンガポールでみた新聞と同じような感じでした。

王　要するに、ナショナリズムをもって商売しているということでしょう。各放送局は視聴率の競争をしていて、過激なほうが受けるということです。ある地方のテレビ局が中国と日本で戦争が始まるかのような番組を放送して、中国の知人から電話がかかってきて大丈夫か、早く逃げてきて下さいと言われました。いや日本国内は大丈夫だと答えました。要するに、責任を伴うというような言論の自由の発想は、中国にはまだ少ない。日本にも足りない。とりあえず過激にやればいいと思っているところが多いのです。

横山　日本の週刊誌や月刊誌などでもそういう面はかなりありますし、中国の報道はけしからんと、あまり大きな声で言えないと思いますね。

◆ナショナリズム

横山　王先生の本を読んでいてすごく面白かったのですが、グローバル化によって世界では民主的な選挙で政権を獲得しているところがだんだん増える一方で、中国共産党はといえば、過去の革命の実績と経済発展という恩恵を国民に与えているということで、支配の正統性を確保してきた。しかし、もはや革命の時代ではない。そうすると、正統性を維持するために、王先生の言葉では民主的手続きを経ていないという政治的弱みがあるために、逆に民主主義国家以上に民衆の意思に敏感になるということを言われていますね。それがネット社会の発達とあいまって、かつて私たちがイメージしていたような、中国共産党が党内論理で物事を決定してきた時代と違ってきているということです。中国共産党は悪く言えば唯我独尊的な一党支配の論理で動いてきたわけですが、それが変わってきているわけですね。ネット社会の影響はもちろん、日本やアメリカでも非常に大きいと思いますが。

王　そうですね。

横山　毛沢東や周恩来の時代には、日中国交正常化のときでも、彼ら小集団のエリートの政治的決定が歴史を変えていったという面があります。それに比べて、今は内部の権力争いが激しいこともありますが、民衆の声をある程度は聞かなければならないのは、いい意味においても悪い意味においても、中国共産党の権威が落ちて弱体化しているということではないかという気がします。

王　中国共産党も今は民意を汲まざるを得ません。もちろん日本も同じです。日本では、政治家が人気を得るために国民全体をまとめて自分に関心を向かわせる事項が少ないこともあって、わかりやすくて過激な主張になりがちな面が出てきています。それは日本だけではなく、あらゆる民主主義社会でも同じような傾向がみられるようになっていて、政界、政治家、政党の国際的な共通課題になっていると思います。

横山　アメリカの大統領選挙でも、選挙の年は政策がかなり右寄りというか、保守的というか、ナショナリズムに訴える傾向が強いですね。日本では自民党が長期にわたって政権を保っていたわけですが、自民党そのものはもともと幅広い階層から票を集めていた政党で、国民的意思というものを一つにしなくとも、それなりには安定していたのです。しかし、近年は時代が変わり、民主党もあの有様ですし、日本の政治の混乱と国民的なフラストレーションを考えながら民衆の人気を得ようとすると、私がよく使う言い方ですが、狭隘なナショナリズムの感情というものを強調する、火に油を注ぐような形で政治的なドラマをつくり上げたいという傾向が強くなる気がします。

王 ええ。中国にもナショナリズムはありますが、中国のナショナリズムと日本でのナショナリズムとは少し違います。ナショナリズムをさらに細分化することができれば、中国のナショナリズムは政治的なナショナリズムであり、あくまでも権力との関係でのナショナリズムです。それに対し、日本の場合は文化的なナショナリズムで、権力は二次的で、ナショナリズムが先です。ヨーロッパやアメリカにはそれぞれのナショナリズムがありますが、私は中国に文化的な意味での国民全体の共通したナショナリズムがあるかどうかは疑問に思っています。

中国のナショナリズムは、その中身は必ずしも固定しているわけではありません。その場の雰囲気によってかなり影響されます。今日は反日だとしても、何かきっかけがあれば明日は親日になるような感じで、国民は変わりやすい。中国の場合は権力社会なので、権力との関係や雰囲気で随時変わっていきます。それに対して日本は文化的なナショナリズムであり、文化は簡単に変わるものではないので、一貫性を持っています。中国でのデモが激しいので中国人はみな心底日本に反感を抱いていると思ったらそうではありません。

横山　歴史的に考えると、対華二十一カ条以来、反日じゃなくて抗日ナショナリズムという言い方をしますね。一九四五年に戦争が終わると、次は北朝鮮を助けて、抗米です。

王　〈抗米援朝〉といいますね。次は、中ソ論争が起こって抗ソです。

横山　中ソ国境の珍宝島《ちんぽうとう》（ロシア名＝ダマンスキー島）では武力衝突すら発生しましたね。確かにそのときどきの政権の政治課題に合わせてナショナリズムが高揚します。毛沢東の言葉でいえば、色々な矛盾があるけれども、主要な矛盾と副次的な矛盾があって、主要な矛盾の解決にエネルギーを投下しなくてはいけないということです。日本と戦うことが一番のときは日本と戦う、アメリカと戦うことが一番のときはアメリカと戦い、ソ連と戦うことが一番のときはソ連と戦うという形で、政策的なものが決定される。それによって大衆は動員されてくるという性格が強いですね。

ただ、〈抵抗ナショナリズム〉という言い方がずっとされ続けるのでしょうか。ナショ

1969年2月、新華社通信は、中国国境警備隊兵士（手前の後ろ姿）が、中ソ国境の珍宝島に侵入したソ連国境警備隊（装甲車の上）を連行する様子をとらえた写真を公表。翌月に両国の武力衝突に発展
［AFP＝時事、1969/2/7］

ナリズムというのは、国民国家を形成する中で新しい国をつくるという〈建国ナショナリズム〉と、侵略に対して抵抗する〈抵抗ナショナリズム〉があると思うのですが、中国の場合は、国をつくる前に色々な外圧が多かったので、当然、抵抗ナショナリズムが中心になってきます。それで政策が設定され、動員されるということになりました。

その後、改革開放以来、中国が自信をみなぎらせてくると、今や抵抗ナショナリズムではなくて、新しい中華世界、新しい国をつくっていくというナショナリズムが形成されてきていると思います。

しかし、そのときもあくまでも新しい国づくりというのは、国民が自ら選択していくというよりも、やはり中国共産党が選択し、その主導のもとで新しい時代をつくり上げるということで、中国共産党のそのときどきの政治課題に合わせて大衆が動員されます。そう考えれば、今後のナショナリズムは、本質的に民族的な日本に対する一貫した憎しみというような形だけであるわけではないということは、言えるかもしれませんね。

王 改革開放以後、中国人は自信を持ち、抵抗ナショナリズムから脱皮して、新しいナショナリズムが形成されているという言い方をされましたが、私の観察では、アヘン戦争以後の中国の近代的な歴史の影響はいまだに消えていないので、中国のナショナリズムあるいは中国の今の国家理念はまだそれに強く影響されていると思います。改革開放で国内総生産が世界第二位になったといっても、まだそうした段階にはなっておらず、悪く言えばいまだに抵抗的なナショナリズムの時代にあります。近代以後のいわゆる植民地化――侵略された歴史がいまだに人々に影響を及ぼしていて、改革開放で新しい理念で何かをするような段階にはなっていないと思いますね。

◆民主党政権は反中だったか

王　民主党政権のイメージの変容がありましたね。

横山　基本的に民主党の中には、旧社会党系あるいは民社党とか、いわゆる東西対立の時代にはどちらかといえば左派だった人たちが入っています。労働組合の連合も民主党の政権を支持していますし、冷戦構造の中で長い間自民党がとってきたのとは違う路線を行っていました。ですが、その後の民主党は松下政経塾出身の人たちが中心になりました。松下政経塾は保守的な思想を持っています。危機的な状況になったときは柔軟な対応とか、相手に対して優しい路線というものはなかなか支持を得られず、強硬路線のほうが受けるということもあり、結果的には自民党路線よりも保守的な、国益が前面に出てくるという状況になったのでしょう。鳩山由紀夫首相は、最初は東アジア共同体というのを打ち上げていましたが、その政策は志だけがあって実行する能力がありませんでした。その後、一貫した戦略が民主党にない中で、松下政経塾グループというものが台頭してきたわけです。

王　これもまた中国の問題でもありますが、自民党政権から民主党政権に代わった途端、中国側は皆興奮して、民主党は親中国だから日中関係が発展すると、最初は中国政府もマスメディアも皆大騒ぎしたわけです。しかし鳩山首相は東アジア共同体と言ったものの、他のところでかなり冷たかったですし、そして菅直人首相のときは特に二〇一〇年の漁船衝突の対応もあって、民主党政権が親中国ということではないと認識するようになっていった。菅直人以後の民主党政権がとった政策は、中国側からみれば、かなりの敵視政策と映ったわけです。

横山　アメリカとの関係はどう思われますか。

王　アメリカの戦略とか、そこまではあるかはわかりませんが、ただ私は賄賂罪の研究をかつてやったことがあり、そこでは面白い研究結果が出ています。大体アメリカから離れようとしている政治家、あるいは反米的な政治家は、最終的には皆賄賂や政治献金で失脚するというのが、日本の戦後の一つの法則的なものになっています。なぜかはわかりませんけれども。

横山　うーん、例えば誰ですか。

王　最も有名な例では、田中角栄は明白にアメリカから失脚の糸口をつけられたわけです。小沢一郎はアメリカに強く訴えたあと政治資金の問題が出ました。鳩山由紀夫は政治資金でこそないものの、普天間基地問題のあと失脚しました。
　私から見ますとアメリカは世界を統治する戦略がとても長《た》けていて、日米同盟の中での日本の管理というか、日本に対する統制は非常にきちんとされているという印象です。ですから、そこから離れようとするのは難しいのではないか。余計な話ですが、その点は中国も十分認識すべきであり、むやみにアメリカと競争したら大変だというふうに思いますね。

横山　ちょっとずれるかもしれませんが、非常に面白いことに、日本の政党の中での力関係、つまり誰が中国寄りか、誰がアメリカ寄りかというような分布図は、全部中国側に流れているんですね。ところが、中国のそれはわからない。人間の集まりであれば、当然将来の日中関係のあり方について異なった意見があるはずです。中国はブラックボックスで、それに較べれば日本はクリアな社会なのですが、通常はクリアな社会のほうが健全で、ブラックボックスというのは不健全というか、不気味な感じがします。
　中国の外交政策では、その結論の部分だけが出てくる。内部でどのような議論があってそうなったのか、あるいはひょっとしたらその政策は一時的な政策なのか、バランスによっては方向転換があり得るのかどうかということすら、なかなかわかりません。政策決定の過程がみえないんです。

王　先に少し触れましたが、今、中国の政治家の間で、日中友好を強く進めれば進めるほど、最後に日本からやられるというような言い伝えがあるんですね。日中友好を一番強く進めた胡耀邦《こようほう》の場合は、中曽根総理大臣による靖国神社参拝が失脚の最初のきっかけでした。それによって、党内で胡耀邦は外交的にも内政的にも成熟していないという議論が初めて出たわけです。胡錦濤の場合は尖閣諸島国有化ですね。

横山　その間にはいないですか。

王　一番裏切られてないのは江沢民。江沢民は日本に対してとても強い姿勢ですから、裏切られないというのです。日中関係に関しては、江沢民は中国の政治で不利な立場に立たされることはまったくなかった。今は、日本との友好に慎重にならなければいけないという一色になっています。

横山　今の意見は、ちょっと私としては納得いかないところがあります。私は中曽根政権時代の対中外交について書いたことがありますが、そのとき、中曽根にインタビューしています。彼は胡耀邦を非常に高く買っていて、アメリカのレーガン大統領との「ロン・ヤス」関係と同じように、胡耀邦との関係は非常によいと言っていました。靖国神社に参拝して、もちろん色々トラブルは起こすのだけれど、その後の中曽根はほとんど中国に譲歩しています。

胡耀邦を潰したのは、日本に裏切られたからというよりも、中国内部における権力闘争に日本の政策が利用されたのではないでしょうか。それを利用した中国の内部における権力闘争が激しかったという見方ですね。

二〇一二年、五年ごとに開かれる中国共産党の全国代表大会の開催が非常に遅かった。それはどうやら内部で激しい意見対立があったということまでは明らかですけれども、その内実は現時点ではあまりわかりません。意見対立の中で、政治局常務委員会において江沢民派が勢力を確保していますが、日本に対して強硬派が主流を占めたのか、それによって胡錦濤派が苦しくなったのか、胡錦濤が親日だったから批判勢力が台頭したのかというのは、なかなかわからない。しかし、どう見ても、私はやはり日本の対応というものを中国の内政の中の権力争いに利用してきたのではないかと思います。日本だってそんなことは当然あるわけですし。

王　本当かどうかはわからないのですが、少なくとも日本側から、親日派に対抗するための、失脚させるための材料を提供してしまったということは言えます。胡耀邦に対する明らかな批判は最初は靖国神社参拝の問題でしたから。日本に対して無防備な友好一辺倒が、政治の未熟さとして批判されたのは間違いありません。胡錦濤の場合は明らかに出た批判はないですが、香港やアメリカの中国系雑誌などみると、国有化によって胡錦濤を中心とした共産主義青年団の系列、いわゆる日中友好を推進した系列の人間は、十八大で不利な立場に立たされたことがあったに違いないようです。それが人事にまで影響したかどうかはわかりませんけれども、そう書かれていました。横山先生がおっしゃるように、そうでもないのではないかとも思いますが、現実にそういう認識はあったわけです。

横山　日本側のことを言うと、鳩山から菅、野田と、だんだん松下政経塾絡みの思想と政策が表に強く出てきたのですが、では民主党の対中政策が大きく変わったのかというと、そうでもなかったと思います。民主党に大きく変えようという意図があったわけではなくて、菅首相のときの漁船衝突問題とか、中国側との摩擦を、日本側の考えでいうと引き起こさせられたことにより、何らかの対中決断をしなくてはいけなくなっただけだと思いますね。それで簡単に言えば、民主党の外交音痴的なことで失敗した。しかし、政策で失敗することは当然あるわけで、関係修復作業というのは必ずなされなくてはいけない。ところが前に述べたように、民主党は関係修復をする能力に問題があり、政府間のパイプが細かったのでしょう。中国とトラブルが起こったときの処理能力のまずさという面が強かったのであって、政策が反中的に変わったのだとまでは言えないと思います。

王　横山先生がおっしゃるとおり、政策的に明確に反中に転じたということは言えないかもしれませんが、二つのことが重要だと思います。一つは、民主党のいういわゆる政治主導です。政治主導は聞こえはいいけれども、その究極的なところは何かというと、ポピュリズム、大衆主義になります。要するに世論の動向によって随分変わっていって、政策の一貫性を保てなくなる。さらに言えば、民主党は政治主導ということで、官僚バッシングをやっていました。私は、むしろ戦後の日本の発展の大きな功労者が官僚だと思っています。日本の官僚は能率的にも、廉潔さでも世界で有数な存在だと思うのですが、最近は官僚バッシングが生じてきて、官僚の力が落ちている。これも、いわゆる政治主導という名のポピュリズムで政策の一貫性が保てなくなったことの一要素です。

もう一つは、先ほど話したように、民主党は情緒的、場当たり的に対中関係を扱ってきていました。明確な対中政策をつくっていないので、そういう結果を生んでしまっている面がありましたね。

横山 それは先ほど私が述べたように、外交音痴と言えませんか。

王 これは、民主党の責任だけではなく、時代が変わったということも大きいです。情報化時代なので、外交も含めてすぐにニュースとして広がり、民衆がそれに反応して即座に世論が形成されます。緩和地帯がなくなったというか、それに外交政策まで左右されるという、時代的な特徴があると思います。

◆民意と政治

王 私たちのように法律を研究している人間は、今の世界は民主主義が足りないというよりも、情報化時代であり過ぎて、民主主義の行き過ぎをどうやって食いとめるかという議論もしています。それは世界的な課題で、例えばヨーロッパでは、〈法治主義の下での民主主義〉というスローガンを打ち出しています。市民社会で、市民主導ならば何でもよいような言い方がありますが、実はそうではなくて、国民・市民社会といっても問題はある。市民社会にも、それなりの質の問題があるので、国民のいいところを発揮させ、悪いところを食いとめるというのが今の社会、政治家、官僚、法律の課題になっています。

国民世論に何でも頼っていきますと、結局、国家としての政策の一貫性は保てなくなります。理性的・戦略的な政策が実行できなくなる。そのときどきの国民の感情、国民の傾向で政策が決定されてしまう。ですから、世論とどう向き合うか、場合によってはどう対抗するかが、これからの政治家の任務の一つになると思うのですが、日本ではその点が十分に認識されていない。ヨーロッパでは、既に世論と闘うことは政治家の使命という認識が始まっていますが、日本ではまだですね。

横山　認識の問題ではなくて、法治社会というものの前提は、ある意味において健全な市民社会が成立していることで、そのうえで法治が機能するのです。いくら法律ができたって、機能してないのが中国で、これは明々白々です。中国では市民社会が成立してないから、法律が機能していないのです。ちょうど改革開放が起こったときですが、「中国共産党員も憲法を守ろう」というのがスローガンにあって、唖然《あぜん》としたことがあります。それまで中国共産党員は、憲法なんて名目上の存在で、誰も守らなかったのでしょう。そういうことさえ国が強調しなければならない。鄧小平の政治改革の一つは法治社会の確立なんですね。それが共産党員も憲法を守りましょうということで、少し可笑《おか》しかったのです。

しかし依然として、中国ではどちらかというと、法治よりも個人的な支配であり、人が治めるという形がまだ克服されていませんね。

王　そういう面はあるかもしれません。

横山　ヨーロッパに比べれば日本の市民社会は遅れているというのは、丸山眞男《まさお》以来の考え方ですが、しかし中国よりはもちろん成熟している部分は多いわけです。どれだけ市民社会として成立していくかということだと思いますが、確かに民主主義というものは時間とお金がかかります。ですから、どちらかというとすぐ決断して実行力があるイメージの政治家が現れて、大衆から意見を聞くまでもなく独裁志向になっていくわけです。エーリヒ・フロムが言ったような「自由からの逃走」というような事態が、日本の中でも起こってきます。それは、ある意味においては独裁型に、ヒトラーのファシズム的な形になっていかざるを得ない。それはまずいので、今はそのせめぎ合いの時期だと思うんです。民意は大切にしなくてはいけないけれども、その民意が成熟していないとき、成熟していない民意は政治家によって操られる危険性が常にあります。民意が政治家を操るのか、政治家が民意を操るのか、ここも微妙な問題ですが、どちらもおかしい。この辺のバランスの問題が今起きているのかもしれません。

王　そうですね。

横山　自民党から民主党へ政権交代したときには、そういう時代的背景があったのですが、民主党はその時代的な要請に応えられなかった。では自民党だったら応えられたかといえば、まったく応えられなかったと私は思いますが。

◆謝罪の問題

横山　中国における帝国主義的侵略が開始されたのはアヘン戦争からと言われますね。

王　そうですね。

横山　アヘン戦争の悪玉は、中国から言えばイギリスです。基本的に中国を植民地化し、租界や租借地という支配地をつくり上げてきた親玉はイギリス人です。孫文が辛亥革命で目指した目的は、清朝からの漢民族の独立と、列強からの独立との二つがあったわけです。ここでの主要な敵はイギリスでした。孫文はむしろ日本と手を結んで、日本の支援のもとでイギリスに対抗したいと考えていました。ところが今は、中国人にとってみれば、イギリスが大悪玉で次に日本という順番ではなく、日本が最大の悪玉です。香港島はアヘン戦争によって奪われ、その後、新界租借期間の九十九年がたって全面返還されました。その返還式でも、中国側は一度たりともイギリス帝国主義の中国侵略を批判することはありませんでした。むしろ返還式に参加したチャールズ皇太子は堂々と香港という立派な都市をつくったというような感じでした。同じ侵略者でありながら、イギリスは批判されないのになぜ今日本が批判されるのかというと、それは中国人にとっては決定的な違いがあるのですね。

王　それは二つのことで違いが出ています。一つは、イギリスは確かに中国を侵略したものの、日本のように大規模には侵略していません。もう一つは、その侵略戦争に対する戦後の姿勢です。日本が侵略戦争に対して否定したり、靖国神社に参拝したりとか、日本側の動きで思い起こさせてしまうということがしばしばあります。

横山　その点は私もそのとおりだと思います。ただ、歴代の日本の首相は結構謝罪をしている。その謝罪の仕方に色々問題があると言えるかもしれませんが、総じて右寄りの人からいえば、謝罪しすぎていると言われるほどしています。にもかかわらず、中国側はその謝罪には誠意がないという。誠意がないって言われるのは一番困る。「愛しているよ」と言って、「いや、あなたの言葉には誠意がない」なんて言われてもどうしようもないですよね。

王　それはそうですね（笑）。

横山　おそらく、誠意がないとされる理由は、首相が謝罪している一方で、同じ政党の国会議員が靖国神社に参拝することなどが一因でしょう。ですが、ここは難しい。日本では思想・信条の自由、歴史観の自由がありますから。本来、少数の人間がそういうことをしたとしても、トップの政治家の言動のほうが大切なんです。しかし、中国側からすれば、靖国神社に参拝する国会議員がいると、謝罪を全部帳消しにしているという言い方をする。しかし、日本では憲法で保障された自由がありますから、参拝中止を強制できないわけです。

王　ええ。

横山　ですから、そこは中国の人たちにも、理解してもらいたい。日本社会というのは中国社会とは違っていて、党や首相が右を向けと言ったらわざと左を向く国会議員なんて山ほどいる。そういうことを理解してもらうことが大切なので、私たちは民間人として、長い間文化交流をずっとしてきたわけです。民間の社会交流が少しずつ中国人の意識を変えていくだろうという淡い期待はありましたが、なかなかそれが実現しません。

王　おっしゃったとおりです。そういう面では中国にも問題があります。日本は言論自由の民主国家であり、一億三千万人の国民が皆同じスタンスで物事を言うことはあり得ません。その点を中国側は十分には理解していない部分があります。

他方、回数からみると、日本は確かにもういいと思うほど謝罪していますが、しかし、その謝罪の効果は、総理大臣が交代したりすると変わってしまいます。そうした謝罪は国家的・法的行為というよりも、むしろそれぞれの総理大臣などの政治家の個人的言動であって、最小限の法的効果も持たない。総理大臣が代われば、その姿勢も変わるし、総理大臣が謝罪したからといって、他の政治家も同調するわけではない。中国や韓国からみると、国家意思として果たして謝罪という姿勢でいるのかどうかわかりません。結局、総理大臣が代わるたびに、または、何か節目の時期になると、謝罪の姿勢でいるかどうかを確認しようとして、新たに謝罪を求めていきます。謝罪が回数的に繰り返されてしまう。私が思うに、謝罪を国家のはっきりとした意思として法的に固定しておいて、政府を代表する総理大臣などの主要な政治家はそれを遵守していれば、繰り返して謝罪する必要がないし、政府を代表できないような政治家などがどんなことを言っても、それは政府の見解ではないと説明すればよいわけです。このように、繰り返して謝罪するのを避けるためには、日本は言論自由の民主国家であると同時に法治国家でもある、という発想が必要です。

◆習近平と将来の中国

横山　中国の最高指導者になった習近平についてはどうみていますか。

王　まず、習近平は、おそらく貧富の差の問題に手をつけると思います。薄煕来の事件がありましたが、それが何を意味しているのかを習近平はわかっているはずです。ですから、おそらく不動産税をはじめとする税制などを通じて、貧富の差を縮めるような対策をまず打ち出すでしょう。日中関係に関して言いますと、従来のように無条件で日中友好を進めようとはしなくなると思います。一定の警戒心を抱きながら日中関係を進めていくようになる。今回の尖閣諸島問題を一つの境として、中国はもっと慎重に日本が中国を敵視しているかどうか見きわめながらつき合っていくと思います。おそらく胡錦濤のように無条件的に密接な関係にしようとはしなくなる。ただ、国内の政治改革は非常に難しいですから、象徴的なものに手をつけるだけで、抜本的な改革はできないのではないかと思います。

横山　アメリカとの関係はどう思いますか。

王　アメリカとの関係を再構築しようとすると思います。習近平は基本的にアメリカのことを重く見ています。アメリカは今アジアに戻ろうとしているようですし、中米関係の調整に力を注ぐのではないでしょうか。

それに関連した話ですが、今中国では日米同盟について新しい議論が出てきています。もちろん従来、中国は建前として反対しているのですが、今は日米同盟に関しては、〈歓迎と警戒〉という態度で臨むべきだという論調です。なぜ歓迎かというと、日米同盟があ

習近平（中央）、胡錦濤（右）、温家宝（左）。北京
［AFP＝時事、2012/3/5］

ることで日本社会の右翼化や極右化を避けられるという意味です。アメリカが抑え込んでくれますから。警戒というのは、日米同盟が必要以上に拡大して中国をターゲットにすれば、日米で中国と争うことになるので、中国に対する脅威にもなり得るということです。

横山　一時よく言われたような東アジア共同体構想というものがありますね。アメリカを排除した形で中国を中心にした共同体をつくろうという。それに賛成する日本の世論もすごくあったわけですけども、私は基本的に東アジア共同体には反対でした。ヨーロッパの共同体とは違って、アジアの共同体というのは中国という圧倒的な十四億の大きな中核のもとでつくられてしまう。ヨーロッパのように似た国同士とは違って、そういう平等互恵の共同体というのはできないと思うからです。社会システムも大きく違いますし。そうすると、習近平は、中国を中心としたアジア共同体をつくってアメリカに対抗していこうという方向性は出てこないんですか。

王　そもそも東アジア共同体への意識は、中国はそれほど強くありませんでした。学者レベルでは東アジア共同体をつくろうという発想は一応ありますが、政府レベルでは積極的ではない。なぜかというと、一つには中国は、全方位的な外交をしています。要するに一定のグループで固まるということは従来の外交の建前とは矛盾します。

もう一つは、おそらく中国は、アメリカのアジアにおける力の強さをこれまで以上に悟るようになっています。アメリカ抜きにアジアで何かをすることはできないということを認識しているはずなので、そういう意味では単純にアメリカと対抗しようとはしないでしょう。むしろアメリカを取り込んだアジア関係づくりに転向すると私は見ています。中国の外交はとても現実的で、アメリカを取り込んだうえでのアジア関係を再構築しにいくのではないでしょうか。

横山　アメリカを取り込むというのは具体的には難しいところで、やはり対抗関係のほうが理解はしやすいと思うのですが。日本の戦略は、おそらくアメリカも含めて東南アジアのＡＳＥＡＮ諸国と手を結んで中国の膨張を食いとめようということですね。中国から言えば……。

王　中国包囲網を築こうとしている。

横山　ええ。しかし、中国に一人勝ちをされたら困るというのは他の国々も同じ危機感なわけです。結局、中国という巨大な国家に対抗できるのは、合従連衡ではないけれども、中国と二国間でうまくやりつつ、さらに多国間の同盟をつくってやっていかなくてはならないということです。中国の対外戦略とどの辺で共存できるか、共存できないかですね。

王　日本には一つ誤った認識があります。アメリカがアジアに戻るのは日本とＡＳＥＡＮなどと組んで中国に対抗するためという期待を持っている人が多いのですが、そういう面はあるものの、同時に中国もその枠組みの中に取り込んで、共通ルールのもとで中国に行動してもらうというのもアメリカの戦略の目標の一つです。その部分を日本は見落としているとと思います。アメリカには日本やＡＳＥＡＮに傾いて中国と抜本的に対立するだけというような発想はない。同じように中国にも、アメリカと抜本的に対立するという発想はないということです。必ずしもこれから中米の対立でアジア関係が形成されることはないでしょう。

横山 アメリカの脅しが効いて、中国が従っているというイメージを日本のマスコミの一部は言いますね。だから日本もアメリカとくっついて中国に脅しをかければ、中国側も一定の譲歩をするだろうという意見です。王先生の言っていることが正しいかはわかりませんが、日米安保については、日本だけでなくアメリカの戦略も考えて理解すべきではありますね。

王 アジアにおける日本の位置づけについて、長い間日本にお世話になっている人間としていつも思うことがあります。今の日本の若い政治家の多くは、大体日米同盟を強化すればするほど全ての問題が解決できると思っているのですが、私は二国のどちらか一方だけにつきますと、その一部と化してしまいますから得ではないと思う。日本はアメリカの一部と化して中国を制するというより、むしろ中国とアメリカの間に立って両方に顔が利く存在になったほうが、余裕が出てくる。そういう発想は特に若い政治家に乏しいと思っています。

日本の政治家が中米関係をみるときには、両面をみなければいけません。利益衝突の面があると同時に、利益の一致する面もあることを意識すべきです。そのうえで日本の対中関係、対米関係を考えるべきなのに、片方だけを意識してやっているのは聡明ではないと私は思っています。言い換えると、日本はもっと主体的に外交をやるべきであると。中米の調停役という面にも活路があるのではないでしょうか。

横山　仲介といいますが、私はあまり成果が上げられないと思います。なぜなら、仲介というのは非常に外交的な手腕を必要とするものですが、日本はそういう外交的な成果を上げられるほど、外交能力が成熟していない。だからアメリカと手を結んで中国に立ち向かうというのが、多くの人の基本的な考え方になってしまうのでしょうね。王先生が言われていることはよくわかりますが、日本に求めるには少し荷が重過ぎる感じがします。もともと日本の貿易はアメリカが中心でした。今は中国との貿易量が圧倒的に多い。ところが中国にとってみれば対日貿易量の割合はずっと減っている。反日デモの影響で、自動車を中心に対中貿易量は大幅ダウンです。中国から見れば日本の必要性は減少しています。そういう状況で、間に立つ仲介としての役割が期待できるかという問題があると思います。

王　中国では、ときに対日重視が対米重視以上になっていることがあります。ある面では、とても親近感を持っていて、学ぶ対象として位置づけている。特に私の専攻の法律分野に関して言えば、改革開放以後の中国の法制度の構築は、日本から一番影響を受けています。日本の専門家がたくさん関わりを持っていて、中国はかなり日本の意見を大事にしています。いずれにしても対立は双方の利益になりません。

横山　歯切れの悪い言い方になりますが、日中の国益は合致するところもあるし、しないところもあるけれども、相互依存であることは間違いないわけで、問題が生じたときにそれがエスカレートしないシステムをつくる必要があるだろうと思います。問題が起こらないシステムやルールはなかなか難しいですから。

王　今はポピュリズムが盛んになっていますから、社会で一定の発信力を持っている人間は、その部分を意識して、事態をエスカレートさせないという意識が必要だと思いますね。

横山　こういうトラブルが起こりつつも、それぞれが学習能力を高めていく必要があります。学習能力を高める以外に、けしからんと言ってすぐ解決できるような特効薬は日本と中国の間にはあるはずがない。長い歴史の積み重ねの中で、憎しみもあれば愛情もあれば、今までの協力関係もあれば、対立関係もある。やはりお互いが一つ一つ学習し合う必要があるんじゃないでしょうか。

王 よく物をはっきり言えと言われますね。日中関係でもそういう主張がありますが、確かに物事をはっきり言うことは必要ですけれども、しかし前提として必ず相手に善意が感じられるようにしなければいけません。さらに、中国も日本も敵をつくらないという意識を持つ必要があります。

中国は、日本を敵に回すことは絶対利益になりません。同じように日本も隣の十四億人の中国を敵に回すことは利益にはならないです。政治家の使命として、色々トラブルはありますが、お互いを敵に回すほどにまで悪化させてはいけないという努力をしなければいけないでしょう。まして戦争になるようなことは、絶対に避けなければならない。

横山 不幸なことに、歴史では仮想敵国というものを常に想定して国づくりをするという、まあ、その悪しき運命を国というものが背負っているのかもしれない、そういう面はありますね。

王　敵を想定して国をつくるのは、歴史上しばしば見られますが、結果的によくないということがわかっています。特に第二次世界大戦以後、一応共通利益が増大し、相互依存はかつてないほど高まっていて、敵を想定して国をつくるというのは、もう時代遅れだと私は思います。その意識を皆持つべきで、それを持たせるのは、やじ馬的なポピュリズムや民衆ではなく、社会のエリート層というか、政治家や官僚やマスメディア関係者でしょう。そういう人たちが、一歩先を見たような意識を持つことがどうしても大事かなと思っています。

横山　冷戦時代に社会主義国のソ連や中国を仮想敵国にし、社会主義が崩壊してくると北朝鮮を仮想敵国にするようなことが、いわゆるポピュリズムではないけれど、大衆にとってはわかりやすいのでしょう。今回、中国がこうなってくると、そういう恐れを感じますね。私は前から日中関係は仲よくする必要はない、しかし喧嘩だけは避けなくてはいけないと言っています。そのためには、喧嘩腰ではなく、それぞれの国が寛容になっていかなくてはいけない。胡適の言葉ですけれど、民主主義の根本は寛容です。相手の立場を認めて、こちらのことも認めてもらうのが民主主義の基本なんです。ですが、正直言って競争世界の中で、中国のような多民族国家が寛容になるのはなかなか難しい。国を治めるだけでも難しい。日本のほうはどちらかというとわりとまとまりやすいですし、私としては、やはり日本のほうが本来寛容な政策をとりやすいと思う。

王　そのことですが、中国の場合は対内的には不寛容な場合が多いのに対して対外的には寛容的で、日本は逆ではないかというのが私の考えです。日本の場合は、日本人に対しては寛容になりやすく対外的には厳しい。中国は逆に中国人に対して寛容にならないで、外に対して寛容になりやすい。終戦時の中国の対処の仕方からみてそうですし、死刑研究からもそうです。死刑と戦争とどう違うかというと、死刑は自国民に対するもので、戦争は外に対するものです。中国は死刑が多くて自国民に対してとても厳しいですが、外に対しては寛容です。日本の場合は死刑はとても少なく、戦争中であっても自国民に対する死刑は少なかった。中国とは逆のやり方をしているわけです。

そういう意味で、日本はとても健全な社会――日本国民にとって健全な社会であり、中国も自国民に対して、日本が日本国民に接するように学ばなければならないと、私はいつも中国で言っています。

第三部
グローバル経済と日中の課題

中国安徽省合肥市の建設現場の手前の空き地を耕す男性
［AFP＝時事、2012/11/12］

◆日本企業と中国市場

横山　中国には、胡耀邦や胡錦濤に代表されるような、日中の相互依存を進めることで、両国が経済的に繁栄していくウィンウィンの関係を築き、日中関係の濃密化をさらに進めていこうとする政治グループがありますね。それに対して、一定の対抗グループもある。日中の相互依存関係を好ましいものと考えない人たちの基本的なスタンスは、どのようなものなのか。例えばイデオロギー的なものなのか、それとも昔の言葉でいう経済侵略だという反発なのか。日本などの外国資本によって中国経済は潤ってはきたけれども、同時に外国資本によって経済が支配されているという意味での反対なのか。もしくは、歴史問題が解決していないことによる反日感情の強さからか。日本との友好に対して一定の警戒心を持つグループの背景には、どのあたりが影響しているのでしょうか。

王　基本的には、多くの日本企業が中国に進出し、中国経済に大きな利益をもたらしていることは、これは左派であろうと、右派であろうと、中間派であろうと、中国側はみな認めています。日本企業による中国経済への進出を、経済侵略と考える発想はありません。

日中友好に対してあまり積極的でない中国の人々は、結局、日本は戦後の日中間における歴史問題を処理していない、きちんと反省していないということを主張しています。

横山　やはり歴史認識の問題が大きいということですね。

王　中国の経済発展の評価ですが、巷《ちまた》で言われているほど実のともなった経済発展とは言えないと思います。現在公表されている統計の数字は、実際の数字から相当オーバーしていると考えてよいでしょう。しかも、その経済発展の内容は極めてアンバランスで、不動産と自動車に偏っています。そういう歪《いびつ》なバランスの経済発展が破綻する危険性を伴っているということは、世界の経験からも言えます。ですから、今の中国経済の状況は何も心配することがないとか、これからも今までと同じように成長していくなどとは、私は思っていません。いずれはどこかで、問題が大きく現れてくると思っています。中国も、今の経済状況をあまり楽観視してはいけないでしょう。

横山　日本経済は、中国の経済発展にかなり依存していると言われています。世界の工場と言われていた中国が、今では世界の市場と言われるまでに発展し、多くの日本企業もそれに依存していると。しかし、二〇一二年のデモのような問題が起こって、中国リスクというものに気づかされ、日本企業が中国から他国にシフトしようとする動きが出てきています。中国での労働賃金も上昇し、日本企業も進出初期に比べれば十倍以上は支払っているでしょうから、以前のような利益が見込めない。そのときに問題となるのは、どうやって撤退するかということです。計画を変更して撤退しようとすると、税金の追加納付義務が生じたりすることがある。撤退すること自体にお金がかかるが、残って続けるにしてもまたお金がかかってしまう。日本企業にとっては大変なジレンマですが、基本的にはだんだんと日本企業は撤退し、日本の投資が少なくなっていく。そのことが中国経済に与える影響は大きいのではないでしょうか。

王 日中間の経済関係は、正真正銘の互恵的なものです。日本だけに利しているとか、中国だけに利しているということはない。ですから、両国の経済関係の悪化は、日本にも中国にも同じようにダメージを与えてしまいます。その点は、中国政府ももっと意識すべきです。経済的な面で日本にだけダメージを与えて、中国には何も影響がないということはあり得ません。それどころか、場合によっては中国が日本以上に打撃を受けることも十分ある。ですから、経済関係を築くうえでは、中国政府はあまり自信過剰にならず、もっと慎重になってほしいと思います。

横山　今後は、日本企業もより慎重になるでしょうね。

王　その可能性は十分ですね。私は、日本経済や企業は、世の中で言われているほど弱いものではないと思っています。中国経済から離れたら生きていけないというような状態ではない。もちろん、撤退すればダメージは受けるでしょうが、中国の人々が想像する以上に、日本企業は堅実です。それと、仮に日本企業が中国から撤退して、いったいどこが利を得るかというと、アメリカ企業、ヨーロッパ企業、韓国企業ということになるでしょうね。

横山　ええ。

王　これは私の推測ですけれども、例えば二〇一二年の中国での大きなデモで日系企業の工場が焼かれたりしているわけですが、デモに参加している人々の背景を想像すると、日本企業と競争関係にある企業からの働きかけがまったくないのかというと、そうではないような気がしています。二〇一二年の中国のデモは、一種の経済競争の一環として利用されている可能性もあったのではないでしょうか。

横山　そうなんですか。

王　ええ。私は、実は日・韓・米・欧の企業の戦いの一環としての意味もあったのではないかと思っています。なぜ、いきなり日本の工場に向かい、放火したりするのか。もし、デモに参加して工場に火をつけた人たちの身元を調べることができれば、特定の企業との関わりがみえてくるのではないかと、私は見ています。

横山　日本以外の企業で働いている中国人がかなり参加したということですか。

王　はい。競争関係にある日本企業を潰すことができれば、自分たちの企業が発展していく、そういう動機から企業競争の一環としてデモに関与した人たちがいる可能性はあると思います。いずれにしても、日本との経済関係が悪くなることから中国が利を得ることはできませんし、日本も同様です。利を得るのは第三者である、アメリカやヨーロッパ、韓国の企業でしょう。日中双方は、その点を認識しなければなりません。

横山　市場経済の原理というのは自由な競争ですけれども、今の話は、〈自由な競争の末期的症状〉といえますね。

王　そうかもしれません。中国から見ますと、日本経済はそんなに大きく崩れることはないというのが、一般の見方です。そういう意味では、日本人はとても抑え気味に物事を見ている。逆に中国は、多目というか良いように言う傾向があるので、例えば今年ＧＤＰの成長率が八％と言うと、実情は六％ぐらいのことだと思います。そういう意味では、逆に中国で言う危機は、本当の危機になる。つまり、よほどの危機にならないと危機とは言わない。中国で実際に危機と言われるときには、日本で言う危機の何倍以上もの危機になるでしょう。ですので、国民性の問題もありますが、日本人は必要以上に自信喪失する必要もないし、中国人が自信過剰になるのも大間違いだと思っています。中国の実際の生活状況を見てみれば、苦しく生活している人がかなりいる。例えば、病気にかかったらおしまいです。社会保障もあまりない。一つの社会としてはまだまだ問題が多い。その点、日本は私の目からみると、ある種の成熟した社会です。そして、社会が成熟したら、それ以上新興国のように経済成長することは難しい。

横山　先進国はどこも停滞していますね。

王　中国が問題なく成長し続けることはあり得ない話で、中国こそもっと危機意識を持つべきだと思っています。一方、日本は持たなくてもいいのに持ってしまっているような感じがします。

あと、特に産業革命以後、特に第二次世界大戦以後の今のような世界、経済秩序というか市場経済のあり方は、そろそろ根本から問われる時期に来ているのではないかと私は思っています。おそらく、このままではどこもうまくいかない。一カ所うまくいかないと、全部だめになるので、そろそろ抜本的にそのあり方を問う時期が来ているのではないでしょうか。

横山　ＥＵも大変ですしね。

王　そうです。アメリカも実は皆がみている以上にひどいでしょう。失業者が多いですし、社会保障も不十分で、貧富の差もひどい。日本では考えられないほどの問題が、アメリカにもありますね。

横山　オランダに行った友人と話したとき、オランダは昔のような、世界を支配した繁栄は今はないけれど、皆が地味だが結構いい生活をしていて、日本もそのくらいの生活でいいのではないかと言っていました。オランダの今のような生活のレベルに日本人は我慢できないのかと。

◆政治的思惑と日本企業

横山　中国経済が上げ潮のとき、中国は日本企業に対して、世界はどこの国も中国に来たがっているのだから、自分たちの求める条件どおりに進出しないなら、別の国の企業を受け入れるという態度で、日本側から有利な条件を引き出して投資をさせていました。ですが、今は中国経済も以前のような上げ潮の時代ではなくなっています。中国側は、日本企業が撤退するなら他国の企業を入れますよ、ということは当然言うでしょうが、それほどうまく中国側の思うような企業の確保ができるかというと、そうではないでしょう。中国側にとってみれば、日本企業のハイテクな技術にはやはり依存していますし、日本側から貢献を受けている。今は、「日本がダメなら他があるよ」というのは、それほど通じないのではないかと思うのですが。

王　ええ。もちろん中国政府は、経済的な面で、日本がダメなら他の国があると安易に考えてはいません。しかし、今回の日本の尖閣諸島国有化に対して、どういう対抗手段があるかというと、経済以外の手段がないので、やむを得ない対応をしているのではないか。

軍事的には動けませんし、政治的にも日本は相手にしてくれない。結局残された対抗手段は、経済、つまり一番痛いところを犠牲にするしかないということになります。要するに、中国政府も悩みつつやっているのが実情でしょう。

先ほど言ったように日中の経済関係が悪化したことによって誰が利益を得ているかというと第三者です。先日、中国に住んでいる友人と電話で話していたときに、どこの車を買っているかを訊《たず》ねたら、今はみな日本車の代わりにアメリカのフォードや、ドイツの高級車、韓国の安い車を買っていると言っていました。中国にも日本にも利することなく、第三者に利益を持っていかれてしまう。これは、私のように日本でお世話になっている人間としては心の痛いことです。ですから日本政府には、日本企業のためにも、あまりたやすく日中関係を悪くするようなことはしてほしくないと思っています。

横山 ええ。

王 残念なのは、日本の一部の政治家たちに、そういう意識を持たない人がいることです。報道では、日本企業の中国での利益を全部犠牲にしてでも尖閣諸島を守るというようなスローガンを言っている政治家さえいました。格好良いことを言っているようですが、日本の利益を守っているとはとても思えない。もう少し日本企業の利益や苦労を理解したうえで、政策を考えたほうがいい。私は日本で二十数年お世話になっていますが、私の目からみると、中国に進出した日本企業や駐在員の人たちは、中国をよくしよう、中国に貢献しようという気持ちで仕事をしている人が多い。日中関係悪化のしわ寄せが、まずそのような人たちにいくことが、心苦しいですね。中国政府も、日本政府も、こういう点をよく意識してほしいと思います。

横山　現場の人は苦労していますね。

王　本当にそうです。私は、日中に様々な違いはあるものの、その影響をなるべく経済協力関係にまで及ぼさないようにすることが一番大事だと思っています。それが政治家の役目といえる。中国には文化大革命という時代がありました。私は文化大革命を過ごした世代ですが、なぜ文化大革命がいけなかったのかというと、一つには、政府が国民の生活や経済利益を考えずに、政治的な活動ばかりを続けていたことでした。私は、今の日本の一部の政治家の言動をみると、中国の文化大革命時代を思い出します。政治家はもっと国民の生活、企業の利益を考えるべきで、政府が、社会や企業、経済と無関係に行動してはい

文化大革命時、北京の天安門広場に集まった紅衛兵たち
［毎日新聞社、1966/12］

けないのではないかと思います。

横山　中国政府の考え方としても、日本との経済的な結びつきは緊密なままにしておきたいというのが基本的なスタンスなのでしょうか。

王　間違いなくそうです。中国政府は、中国での日本企業の経済活動が、中国経済にとってどんなに大きな意味を持っているのか、十分理解しているはずです。わかってはいるのですが、尖閣諸島国有化に対抗する手段が他にはなかったのでしょう。

◆経済とイデオロギー

横山　日本は二〇〇九年、民主党に政権交代してから、首相が三人代わり、二〇一二年末に解散総選挙になりました。その前の自民党政権でも三人、次々と代わっています。二年、三年と続いた政権はないわけです。もし中国が同じようなことになったら、国は滅びるでしょう。滅びるとは冗談ですが、大混乱が起きているはずです。でも、日本ではこんなにコロコロと代わっても、社会はそれほど混乱しない。それだけ日本と中国の社会は違うということです。

では中国の社会混乱というのは、どういうものをイメージしているかというと、やはり一つは文化大革命のときのように国論が分かれて混乱する事態です。それぞれの派が大衆を指導したり、暴動が起きたり、大衆の中から自分たちで勝手に騒ぐ人々が出てきたり。あのような混乱を二度と経験したくないというのが、中国の原理原則です。

ところが、二〇一二年の日本企業に対する行動は、日本側からみると、なんだか文化大革命のときの暴動と同じようにみえる。中国側が最も恐れているようなことが起きてしまったのか、それとも文化大革命のときのように毛沢東派が火をつける、あるいは劉少奇《りゅうしょうき》派が火をつけるというような形で、中国国内の争いを背景に起こったのか、もしくは、対日強硬派があのようなデモを起こし、対日融和派というか、親日派がそれを抑えようとしたけれど失敗したのか……。こういったことがよくわからない。ですが、やはり日本から見れば、中国でのああいう暴力行為は、中国の権力争いの結果であろうがなかろうが、結果としては中国にとって不利益になっているのではないかと思うのですが。

王　経済的な意味で、ですか。

横山　そうです。今は日本で中国に親しみを感じない人が増えているといわれ、世論調査でもそのような数字が出ています。では、中国が嫌いだから日中経済交流をやめろというような運動が日本で起こるかというと、それは起こらない。多くの日本人は、基本的に今の経済依存も含めて、日中の交流自体には肯定的です。実際に中国で働いている日本人は、中国が好きで中国のために働いているという人でなくても、日本企業を健全に働かせれば中国市場の活性化にも役立つので、そのために日中関係を健全に育てようという意識が強い。

ところが二〇一二年のデモは、そういう多くの親中的な日本人に対して、少し冷や水を浴びせることになりました。このことは今後の日中の経済関係にマイナスになってくるのではないかと思うのですが、それを考慮したうえで中国の政策決定がなされたのだろうかというのが疑問です。この点はわかりますか。

王　二〇一二年のデモは、中国内部の権力闘争絡みではないと思います。抑え込むと権力自体が危なくなるので、ガス抜きとして容認せざるを得なかったのだと思います。ですので、デモが二週間ほど続いたあと、その後はまったくデモが起こらなかったのは、おそらく中国政府が後になってデモを厳しく抑え込んだからではないでしょうか。

その理由は、先ほど横山先生がおっしゃった考えに近いと思います。文化大革命時代はイデオロギーを中心とした社会で、イデオロギーのためには経済を犠牲にしても構わないというような時代でした。しかし、それは結局、国民生活を苦しいものにしてしまった。今の中国の指導者はその点は十分認識しているので、イデオロギーのために経済を犠牲にするということは簡単にはしないはずです。二〇一二年の日本企業に対する暴動に関しては、日中の政府間の交流が中断している中で、先ほど言ったように、やむを得ない最終的な手段だったということではないか。

逆に文化大革命の経験からみると、今はまだ静かではあるんですけれども、日本のほうがイデオロギー至上的な政策になりつつあるのではないかと私は思っています。例えば、抽象的な国益や、尖閣諸島を守るためには日本企業を犠牲にしても構わないという言い方が政治の場に出てくることは、まさに経済とイデオロギーの関係です。経済を重視する政府ではなく、イデオロギーを優先した政権になってきているように思えます。

横山　では、中国で日系企業の工場などが破壊されたのは、ぎりぎりの選択で、あのぐらいのガス抜きは必要だったということでしょうか。

王　ガス抜きはどうしても必要でした。もし、すぐにデモを抑え込んでいれば、途端に反日デモから、反中国政府デモに変わっていたでしょう。

横山　ただ、もしそれが仮に真実だとすれば、あまりにもリスクの大きなガス抜きということになります。それによって被害を受けた日本人が、中国の社会的な不満へのガス抜きに利用されたとなると、ますます日本にとって反中的なイメージが強化される可能性が出てくると思うのですが。

王　いえ、私の言ったガス抜きというのは、中国社会への不満に対するガス抜きではなく、中国政府が日本に対して弱腰であるという批判に対するものです。また、デモで日本企業の施設まで焼いて破壊するというのは、たぶん政府としては想像しなかった、許容範囲を

反日デモの参加者の一部の暴徒による破壊・放火の被害を受けた中国山東省青島の日本車販売店［毎日新聞社、2012/9/16］

超えたような行為だったのではないかと思います。その後中国では、放火した人や破壊活動に参加した人をネット上で指名手配して捕らえ、裁判にかけようとしていますね。すでに全国で約百数十人が捕まえられていました。中国政府にとっても予想外の行為として受けとめているのではないか。そうでなければ破壊した人を裁判にかける必要はありません。

横山　中国共産党になぜ、政治学でいう支配の正統性があるかというと、過去に革命に成功したということと、現実において中国人の生活を豊かにしてきたという実績があって、それが大衆的な支持を得ているわけです。欧米のように選挙で支持を得るのではなくて、過去の革命運動と現実の経済建設の成功が、結果として民衆の望んでいるものを実行してきた、そういうところが支配の正統性を得る要因です。ですから、今後、もし中国経済が混乱に陥ったら、中国共産党がなぜ支配をし続けられるかということが言えなくなる。中国共産党にとってはここが生命線で、少しぎくしゃくし始めてきた中国経済をどのように維持し続けるのかということが、最大の課題になっています。

そうすると、今回のようなナショナリズムの問題で、経済的に悪影響を与えるのはどうなのか。ナショナリズムのイデオロギーを高く掲げるのはいいとしても、これだけでは支配の正統性としては弱い。もし、その結果として経済発展や日中関係がぎくしゃくしてきたら、結局中国共産党は自らの首を絞めることになりかねない部分があると思います。中国共産党が、少しイデオロギー的な方向に行き始めるかもわからないと懸念されていたというのは、私はある意味すごく理解しやすいのですが。

王　おっしゃったとおりです。一党独裁の正統性として、二つあるということですね。一つは歴史的なこと、もう一つは現実的なこと。歴史的なこととしては、要するに中国共産党が中国を統一して、独立させたということです。もう一つは、現実に中国社会を安定的・経済的に発展させている。だから共産党は一党支配が許されるということです。このいずれかがだめになったら、すぐ支配の正統性の問題が生じてきます。

中国がなぜ尖閣諸島に関して強硬な態度――強硬というのは日本側からの見方で中国側ではそう思っていないわけですが――をとっているかというと、それもまさに今の正統性に関わっています。中国の党、政府、軍はかつて日本の侵略と戦ったことを、一党支配の歴史的な正統性としているのですね。しかし、歴史的に正統としているところで、戦った侵略の相手（日本）が今度は尖閣諸島を国有化するということになりました。中国からみれば、その国有化もそうした歴史から見ており、つまりは第二の侵略として多くの中国人はこれを見ている。この第二の侵略について強く出なければ、支配の正統性の問題にもなる。

さらに、台湾の問題も絡みます。台湾の国民党は、ずっと中国共産党と、どちらが中国を支配すべきなのかという、正統性の争いをしてきています。国民党が尖閣の問題で強い態度を示したのに、中国共産党がそのような態度を示さなければ、支配の正統性は落ちてきます。私がみたところ、中国共産党、政府、軍からしますと、棚上げはいわゆる最後のライン――最大限度でして、多分これ以上許すことは自らの存在意義を否定することになってしまいますから難しいと思います。

横山　中国共産党にとっては、とにかく正統性が非常に重要ですからね。

王　ええ。歴史的な正統性と現実的・経済的な正統性です。経済に関しては、一般に自分の生活基準が上がっているという実感は国民の多くが持っています。もっとも、非常に上がっている人と、少しだけ上がっている人という、貧富の差が大きいという感覚もある。昔よりよくなっているのは確かですが、貧富の差も拡大しているというのが、今の中国国民の感覚ですね。

横山　頑張れば自分もすごくお金持ちになれるという意識ですか。

王　そうですね。中国の場合はどちらかというと、頑張れば自分もそうなれる、どんな方法であれ、とりあえず頑張っていれば自分も金持ちになれるというような思想・考え方を持っている人は多い。同時に、貧富の差に対して批判的な態度を持っている人も多いです。

薄熙来。全国人民代表大会にて
［AFP＝時事、2012/3/5］

◆超格差社会

王　失脚した重慶市の書記の薄熙来氏の問題ですが、いまだに彼の支持者は多いです。なぜかというと、彼が手をつけたのは貧富の差の問題でした。その点でいえば、中国政府が薄熙来を処分しただけで、貧富の差に何も手をつけなければ、第二、第三の薄熙来がまた出てくると、私は思います。さらに言えば、貧富の差をこれ以上許し続けていれば、先ほど論じたように、いずれは中国共産党の正統性の問題も出てくるので、政権が安定できなくなる恐れがあります。

横山　貧富の差の問題はかなり深刻ですね。

王　はい。薄熙来は基本的には貧富の差があまりに大きく生じることを問題にして、強制的に極端な金持ちの財産を国有化し、貧困層のほうに持っていくという強引なやり方をしていきました。そのやり方は、貧富の差に不満を持っている人々からしますと、歓迎すべきことと受け取られました。

横山　中国共産党との関係はどうですか。

王　彼が強制的に財産没収した人の中には、直接的に共産党の関係者や責任者などはいないのですが、何らかの形で関係している人はいたでしょう。要するに、薄熙来がやったことは鄧小平の「一部の人が先に豊かになりなさい」という政策とは少し矛盾していて、そういう意味で問題視されています。ただ、今述べたように、私は今の貧富の差を放置したままで薄熙来をたとえ処分したとしても、同じような人間が必ず出てくるだろうと思っています。

横山　この問題について、少し歴史的に説明してみましょうか。国民党時代はブルジョアと貧しい大衆に分かれていて、ブルジョアにだけ富が集中し、農民や労働者は貧しい生活をしているということで、中国共産党は国民党の打倒に成功した。つまり、金持ちを全部罰したわけです。中国のお金持ちは土地を持っていましたから、土地を全部没収して、それを大衆に配分し、人民公社みたいな形をつくって、みな平等にしていこうとした。国民党時代の階級格差・階級社会を否定したのが社会主義であり、毛沢東時代の人民公社でした。ところが、平等にはなったけれども、貧しい中での平等では限界があり、一向に経済発展しないではないかということになった。それで、今度は先に豊かになれる人から先に豊かになり、先に豊かになれる地域から先に豊かになろうという〈先富論〉で、競争原理を取り入れたわけです。

王　はい。鄧小平時代ですね。

横山　ただ、これは自由競争といっていながら、実際は自由競争ではないわけです。スタートするときに中国共産党とのコネを持っている人は、より推進力を持ったロケットを背中に乗せているようなものでした。そしてその結果として到来したのが〈超格差社会〉です。気がつけば、国民党時代よりも実は格差がひどいのではないかということになってくる。中国共産党が国民党を非難したときに言っていたことを、自らがやっているのではないかという不満が、当然ながら出てきたわけですね。間違いなく豊かになることはなった。でも、相対的に見れば、さらに格差は開いている。相対的には自分が貧しくなっていると感じる人が多いわけです。

王　絶対的基準では豊かになっているけれども、相対的には貧しいということですね。

横山　はい。それはやはり階級社会です。中国共産党は、階級社会を潰すといいながら、階級社会をつくっているということになります。平等志向を抑えて経済を豊かにするという先富論はいいとしても、あまりにもその豊かさの配分が間違っているということですね。もしそれを是正しようとするならば、上を削って下に回す以外にない。

実は中国では、中国共産党が政権をとったときに、地主から土地を没収して小作農に与え、地主は土地をゼロにした。あるいは地主を処刑してしまった。一方、日本で農地解放が行われたときには、地主は平均一町歩与えられた。例えば十町歩持っていたら、一町歩は地主に残し、九町歩を小作に分けた。この一町歩で旧地主すなわち「悪いやつ」は生活しなさいとされ、別に殺されるわけでもありませんでした。この話を上海の復旦《ふくたん》大学の先生たちにしたとき、それはよかったと言われました。中国は最初に地主を全部滅ぼしたので、小作農だけとなって社会に混乱が起こったというのです。もともと自主的な経営能力のなかった人々だけになってしまったと。

王　そうですか。

横山　今回も、失脚した薄熙来が社会的に金持ちになった人から富を下のほうに移そうとするときに、かなり強引に逮捕したり、汚職とか、別の罪を着せるケースがありましたね。普通はそういう形でやっていくこと自体が、健全な社会では考えられない。しかし、貧富の差の是正ということで、一部の国民が強制的な手法に拍手をする、あるいは強引な薄熙来に支持を与えるということは、既にそれだけ社会が大混乱になっているのではないかという感じがします。

王　中国共産党は、まさに今そういう格差拡大の問題に直面しています。不平等が大きくなっていて、どう対処していくのかが課題です。ですから有効な政策を出せるかどうか、見守る必要がある。今、横山先生は重要なことを指摘しました、薄熙来がどういう仕事をしたかというと、金持ちに何か罪を着せて、それを理由に財産を剝奪《はくだつ》して貧困者に与えた。これは恐怖的なやり方なので賛成できないですけれども、しかし例えば税制改革という手段があります。所得税や不動産税、相続税などの経済的な方法です。ただ、理論的には可能ですが、中国でも世界でも、そういう手段には貧富の差をなくすという社会的な力は、実はあまりないのです。

横山　どういう意味ですか。

王　今の金持ちは昔の金持ちと意味合いが違います。昔の金持ちは、ただ金を持っているだけでした。しかし、現代の金持ちは金と同時に、権力やマスメディアを支配する力も持っています。社会的にあらゆる力を身につけているのが今の金持ちの特徴です。しかもそれはごく一部の層に形成されている。軍事力、政治力、メディア力、経済力などが富裕層に集中していますから、貧しい人に残された道は、ばらばらのデモでしかないような状態です。中国だけでなく、世界的にそういう傾向があるので、その状態がまだ何十年か続いていくのではないかと思います。

横山　累進課税というのは、お金持ちになればなるほど税金を強くかけていこうというものので、税制的に格差を是正する手段ですが、中国での導入は最近ですね。

王　最近で、しかも象徴的なものしかないですね。

横山　効果は出てないですね。

王　そうです。不動産ブームなのは、中国では買ったらそのまま税を支払わずに自分のものになるためです。そういう意味では、中国での不動産バブルというのは、経済問題というより、むしろ法律問題・政治問題です。先ほどの話と結びつけますと、不動産税を課すことを貧困層は支持するわけですが、立法権・政策決定権を持っている人は、皆不動産の所有者です。そういう力を持っている人間が自分に税を課すかというと、そういうことはしないのです。

◆難しい貧富の差の是正

王　中国では貧富の差の問題は明々白々になっていますけれども、しかしそれを是正しようという努力はあまりなされません。なぜかというと、知識力、マスメディア力、政治力、軍事力、経済力を持っているのは同じ人間ですから、自分たちに不利な法制度や政策はつくらない。これは中国だけではなく世界的な傾向で、だからそういう状況はそんなに簡単には変えられないと思いますね。

横山　地球規模の話ですね。

王　中国で二〇一一年、不動産税を導入しようとしたら、その結果として金持ちや有名人は国内の不動産ではなくて、カナダやアメリカ、日本で不動産を買おうとしました。何人かが私に聞いてきたので、日本では不動産の売買に税がかかると言いました。課税されるということで、日本では投資目的ではあまり買わなくなっていますが、カナダ、アメリカでかなり買っています。緩いところに皆いってしまうのです。

横山　グローバル経済の中に中国も入っていて、貧富の差みたいなものを税制度とか法制度で是正するのはなかなか難しい。

王　非常に難しいです。そういうイニシアチブをとる人間がいない。貧乏な人は平等にしてくださいと言いますが、しかし彼らには何も力がない。まともにできるのはせいぜいデモぐらいで、あとはかなり悪い行為だけです。だから今は悲しい時代であると私は見ています。

横山　中国でトラブルが起こるのは、土地を安い値段で奪われることですね。私たちには理解不能ですが、実際に奪われるわけです。すなわち地方政府のボスがいて、そこで団地開発をしたいとなると、そこの土地を全部いったん公社が買い上げて、そこに大きなマンションを建てて利益を上げる。一応社会主義の原理で、そこに住んでいた人たちに土地の私有権はないわけです。借りているという形ですけれども、使用権はあります。ところが土地が投機の材料になっていますから、ずっと安い値段で買い上げられてしまう。すなわち、本来経済的な原理で動く土地の問題が、政治的な権力によって動かされ、個人の人権が侵されているということです。日本だったら、例えば道路をつくるときに一軒だけ立ち退かなくてなかなかできないということがあるけれど、中国だったらそのままブルドーザーが出てきたりする。日本なら裁判で訴えて結論が出るまでは執行できませんが、中国の場合は裁判で訴えることができない。裁判で訴えようと北京まで行こうとすると、途中に地方政府の役人が待っていて拉致し、何かの罪をつけて獄中に入れるというような、まさしく法治社会、法治国家としてあり得ないような措置がとられることもあるようです。ですから、どんな法律をつくっても、権力を国民の力でコントロールできない以上、難しいと思いますね。

王 そういうことです。私は今中国の現状を見てみますと、おそらく中国の指導部も今は外に強く出ようとしている場合ではなくて、国内に問題が山積しており、少し間違ったら政権の座から追い出されることを意識していると思います。対外的に強く出るというよりも、内部的にいかに現状維持していくのかが一番大事な課題であり、まだ外に出る余裕はないと思っています。

◆貧富の差と国民性

王　中国の貧富の差は、多分、世界で一番大きい。だからそういう意味では、今の中国共産党は、本当に伝統的な意味での共産党かというとそうとはいえない面があります。共産党として保持しているものは一党支配だけで、それ以外のところでは、むしろ経済開発党ではないか。少なくとも、中国共産党には、共産党ではなくて経済開発党だという面があるということは言えるでしょう。ですから、共産党から経済開発党への変容について、それが政策のところでどう反映されるのかということも、一つの研究として成立すると思います。

横山　それは、研究価値があるかもしれませんね。

王　本来ならば、共産党はこんな貧富の差を許すはずがないのですが、正々堂々と許しています。さらに言えば、今の中国で私有制や市場経済が自然発生的なものかというとそうではなく、権力を使って人為的に進めたものです。そこからいいところもあれば、悪いところもたくさん出てきている。今のグローバル化時代の経済競争は昔とは違います。かつては、工場対工場、企業対企業ですけど、今はある意味では国家対国家のような様相を見せています。そういう面では、権力的な資本主義は、ちょうどいい時期を得ていて、その関係で成長している面もあるのです。

横山　昔、中国の方からあなたの給料はいくらですかと聞かれたので答えると、中国で換算すると鄧小平の給料よりよかった。もっとも、それは鄧小平の名目上の給料ですが。実際は、彼らが私たちより裕福だったことに間違いはないのですが、いずれにせよ、一般大衆からすればはるかに高かった。

王　ええ。

横山　十五年ぐらい前に北京大学の先生が来て、自宅にお呼びしたことがあります。ああ、これが日本人の家庭生活ですかと感心されていました。でも今は、その先生のほうが、はるかに私たちより裕福です。そのような例はとても多い。ある知人は軍人で共産党の幹部でした。そういう権力を持つ人はやはりお金持ちになるんですね。日本だったら自衛隊の幹部でもそういうことはない。

王　私が中国の西南政法大学を卒業したのは一九八二年です。法学部を卒業したのですが、文化大革命後の第一期でした。一九八四年に日本に留学し、当時大学で大ニュースになりました。王雲海が日本に留学して豊かになった、テレビを持ち帰ることができるというこ とがニュースだったのです。二〇一二年に、大学卒業三十周年ということで集まったところ、一番貧乏なのは私でした。大臣や高級幹部になった人が何人もいますし、大金持ちになった人も何人もいて別荘を何軒も持っていました。皆からもう帰ってこいと言われました（笑）。

横山　そうですか（笑）。

王　八〇年代、九〇年代までは、私のように日本にいることは、皆に羨ましがられることでしたが、その後は逆転されています。経済活動と言っても、中国では正確にいうと政治経済活動で、金持ちになれるかどうかのキーポイントの一つは、国家権力とうまくつき合えるかつき合えないかです。

横山　確かにそうですね。

王　私の時代は、貧乏ですがフェアだったといえます。私はとても貧乏な農村の出身でしたが、ただ幸いしたのは、私の時代は大学入試が回復された時期だったのです。成績さえよければ、国から補助金が出て勉強できたのですが、現在はもうだめですね。今は私の出た村から一流大学を出た人はあまりいない。私の県で私はいまだに記録になっていて、全国で上位の成績でしたが、その後は出てきていない。頭がいくらよくても富や財産がなければ、いい大学に入れないのが今の時代です。

横山　民主主義というのは、厚い中間層があることによってでき上がっています。お金持ちと貧乏の二階層では、民主主義なんて絶対生まれてこない。中間層には様々な要望があって、希望が全然違うから複数政党になる。それで民主主義体制ができる。しかし中間層が潰れると、社会にはぎくしゃくした対立しか残らない。

王　ええ。

横山　厚い中間層は緩衝材として機能します。社会ではそれが主流で、それに応じた政治体制をつくることになりますから。農村で貧しかったけれども、王先生は一流大学に行けた。中間層が機能する社会なら、能力があれば大学に行けるようなシステムがあるはずです。しかし、日本も中間層が薄くなってきた。ここがだんだん少なくなってくると特権化社会になってしまいますね。

王　豊かになれないアンフェアというのが現在の状況です。今の中国では、富と権力を手にしていないと知識も手に入れられない面まで出ています。富、権力、知識が一体化していて、そこはよくない。富裕になった人間からは、社会不平等という声は出てこない。中国ではマックス・ヴェーバーの〈公共知識分子〉というか、公共インテリのような存在がない。今の中国で公共知識分子と自称している人々の多くは、実は〈ブルジョア的な知識分子〉になっています。だから、不動産税を導入するべきなどとは言わないのです。

横山　それを言わなければ、格差が広がっていくのではないでしょうか。

王　どういう結末になるのか、どういう解決策になるのかは、見当がつかないですね。

横山　習近平はそれに取り組むだろうとおっしゃっていましたね。

王　ええ。ただ、どこまでやれるかですね。周りの抵抗を振り切れるかどうか——。世界的にみても、一％の人に富や知識、権力が集中するというような現状が、どこまで続けていけるものなのか。そこは少し興味のあるところです。

そういう点でいうと、日本は一つの社会として、世界で類をみない、合理的・公平的な社会です。例えば外国人の私たちも、とても公平な扱いをされている。ほかの国ではそういうフェアネスはあまりありません。そういう意味で、外国人にとっても日本社会はとても良い社会なのです。日本人は、その点に自信を持って、中国に影響を及ぼすのがよいのではないでしょうか。

横山 ええ、ただ、なかなか難しいですね。社会の問題ですから。むしろ国の問題は変えられるけど、社会を変えるというのは非常に困難です。私は、陳独秀を研究しています。彼は一九一五年に新文化運動という思想革命運動を起こしました。辛亥革命では政治的な体制を共和制に変えましたが、国民の意識が共和制に対応できるようになっていなければだめだということで、その意識・思想を変えようとした。理屈から言えばまさしくそうなのですが、それは政治変革よりもはるかに難しい。日本の場合、国民の意識が変わっていったのは、皆が中間層と思うようになったからです。しかし、今は皆が貧乏に戻りつつあります。

王 そうですか。

横山　一時は九十何％が中間層だという回答をしていました。そういう物質的な豊かさが精神的な自立を招きます。だから豊かさがないところに、精神的な自立を主張しても、確かに難しい面がある。陳独秀などは、物質的な条件を確保する前に、精神的に自立した国民をつくろうとした。毛沢東は、平等主義で、金持ちをなくし下層を少なくして中間層を増やそうと思ったけれど成功しませんでした。鄧小平は、まず豊かな人をつくって、貧しい人を引き上げて、中間層をつくっていこうとしましたが、結局うまくいかなかった。豊かな人は豊かな人で、あとは貧しい人になってしまった。本当に難しい。

王　とても難しいです。今の中国の貧富の差の問題は、一方では中国の伝統からきた面がありますが、もう一方ではグローバル化時代の各国に共通の問題点とも繋がっています。その両方をミックスした結果としての貧富の差です。今はかつての産業資本主義ではなく、金融資本主義的になっていて、速度が違います。株が高くなれば一晩でお金持ちになれるような社会です。横山先生がおっしゃったように、そういう現状をどうやって打開するかということですね。あるいは、打開したらどういう方向に行くのか。法学者として、まだ今はわかりません。

横山　まあ、私は中国が画期的に変わることを期待しているわけではない。緩やかに変わっていけばいい。日本のような人口が一億数千万の国だって変わるのに時間がかかったわけですし、十何億が変わるのに、日本の十倍ぐらいの時間が必要であってもおかしくないのです。

王　歴史に詳しい横山先生にお聞きしたいのですが、今の中国における極端な貧富の差をここまで認めるというのは、歴史上あったでしょうか。そうした習慣や文化があるのか。今の貧富の差の大きさに歴史的な原因があるかどうかが、知りたいですね。

横山　貧富の差といっても、歴史的にみて現代中国の決定的な違いは、以前のような餓死をする人はほぼ出さなくなったということです。中華民国時代では、一番貧しい人は餓死していた。だから現在、全体的には生活水準が上がっていることは間違いない。一九六〇年頃に中国で数千万人が餓死したという記録がありますが、それは毛沢東の大躍進政策の失敗でした。それ以降は餓死する人はほとんどいない。ただ国民党時代でも貧富の差が大きい部分は確かにありました。中国では食糧問題で頻繁に暴動がありましたが、権力をひっくり返すほどのものはない。

王　政府と国民とのお互いの意識は、たぶん中国と日本は違います。私の目から見ますと、日本人は何でも政府に求める傾向が強い。それに対して、中国人が政府に対して求めているのは介入しないでくれということだけで、それ以上のものは求めていない。政府が自分たちに何か保証してくれるという意識は、少なくとも近代まではあまりなく、今も少ないのではないかという気がします。あるいは、そういう政府観の違いで今の貧富の差の大きさが容認されているのかもしれません。

横山　貧富の差の階層分析は、今、中国でもすごく進んでいますね。階級という言葉はなかなか中国で使えないので、階層という言葉での研究が盛んです。

王　そうですね。

横山　現状分析まではできますし、これが社会問題だとは指摘できますが、どうしたらいいかというのはなかなか難しい。それはやはり中国共産党の政治に関わる問題ですから。

王　今の貧富の差をどこまで社会的に許していくのかということは、中国をみるための一つのテーマになっています。しかし、それをどういう視点からみることができるのかについては悩んでいます。歴史からか、あるいは、政府と国民との関係からか。視点を決めたうえで、それをどのようにみていくのか。

私が思うのは、民主主義や法治主義の不十分ということと、政権の過剰な裁量権とグローバル化・情報化という、両方のデメリット部分が結びついて、結局中国の今の貧富の差ができており、しかもそれを打破する見込みがあまり見当たらないということです。様々な力が、一部の層に集中しているのが現状なのです。

◆金融資本主義の問題

横山　世界的な経済危機と言われていますね。

王　そうですね。私は例えばギリシャに始まったＥＵの経済危機は、貧富の差のツケが回ってきたためではないかと思います。要するに、富が少数者に集中し過ぎていて、多数の人々が購買能力などを持てなくなったことの結果ではないでしょうか。まさに貧富の差が激し過ぎることが原因だと思います。言い換えると、金融の力を認め過ぎたからです。金融の力はある程度制限しなければいけないものなのに、今の経済は金融を中心とし、生産性ではなく金融投機性で物事を決めているため、そこから色々な問題が生じているのではないでしょうか。

横山　日本では「ものづくり」という言い方をしてきました。ものづくりの積み重ねによって成立する産業国家のイメージです。中国は、確かに一方では日本を上回るような企業がありますが、ほとんど先端技術なんですね。先端技術はコンピュータを駆使した技術ですが、いわゆるものづくりではない。日本の技術や産業が成り立っているのは、実は中小企業のものづくりの力が大きい。そういう中小企業のエネルギーをどうやって開花させるか。中国と日本の決定的な違いは、そういう中小企業の力で、それは圧倒的に日本が強いですね。

王　ただ、金融化が過度に進むと、技術を持っている企業を買収していくようなことになります。しかもそれは、実際に生産性に結びつかなくてもよい。一応評判を確保していれば、株が上がって儲《もう》かるという、まさにフィクション的な経済運営の状態になっています。私は、それが果たして持続可能なのかが甚だ疑問です。

横山　上海の株式投資の証券会社には朝からずっと人が群がっています。私は社会主義の国だろ、働いてなんぼなんだろ、汗流して労働しろと言いたくなりますね（笑）。マルクスが言っている労働こそが人間の生きがいだという価値観を失った感じです。

王　そうですね。中国で今、不動産を購入する人のたぶん九〇%以上は、住むためというより、投資目的で、それがさらに値上がりするからです。それはいつまでできるのか。結局これは株と同じで、いずれ崩れてしまうのではないか。グローバリゼーションの時代だから、中国がだめになれば、世界に波及していくでしょう。

横山　そうですよね。

王　そういう意味でいうと、かなりリスク性の高い時代に入ってきているのではないか。無条件にグローバリゼーションがいいということは言えない。リスクの点から見ますと、それをある程度意識して、あえてグローバル化しない分野とか、あるいはグローバル化の程度を定めて抑えこむという発想も必要だろうと思います。

◆問題解決の糸口

横山　二〇一二年、韓国のソウルや上海から研究者をお呼びして、東アジアの安全保障のシンポジウムをやろうと言っていたときに、ちょうど尖閣諸島の問題が起こってしまいました。それで、日中国交正常化のときに、それまで対立していた関係から信頼醸成をどのように形成して国交が正常化したかという内容に変更しました。

韓国とは、一九六五年に日韓基本条約が結ばれて、朴正熙《パクチヨンヒ》が政策決定で、それまでの韓国と日本との色々な歴史的な問題を棚上げして、経済協力で国交正常化しましょうということになりました。お互い対立を乗り越えて信頼がどのように生まれたかという信頼醸成のほうの話をしようと。そこから学べることを今後の、今この対立が激しいときに生かそうということです。これもまた〈歴史の鑑《かがみ》〉です。

王　それはいいと思いますね。

横山　尖閣諸島のように現在沸騰している問題をシンポジウムでやり始めると、喧嘩腰というか代理戦争になりかねない。

王　そう、エスカレートしていくのが一番怖いです。元も子もなくなっては、どちらにとっても有害ですから、おっしゃるとおりです。本当に早く正常な関係に戻ってほしいと思いますね。

横山　日本に来た中国人学者を、よく自宅に招きます。妻の手造り料理を味わってもらうのですが、レストランの豪華料理よりも喜んでくれます。私が若い中国研究者にいつも言っているのは、とにかく中国の学者が日本に来たときに、最大限の努力をしてあちこちを案内したりしなさいということ。仲よくなったときには、汚くてもいいから、自分の家に呼べと言っています。

王　そうですね。中国で議論されている話題の一つは、中国人からしますと、個々の日本人はとても優しくて、ほぼ例外なく親切に接してくれるのに、なぜ国レベルでは変わるのかということです。

横山　でも、それは中国だって一緒ではないでしょうか。中国人は本当に優しいですよ。おそらく日本人も同じように、個々の中国人は優しいのに、なぜデモになると激化するのかと思うんでしょうね。でも、個々の個人の優しさ、お互いのつき合いの優しさといったものを、どのようにして国レベルのところに反映させていくのかは、課題だなと思います。

王　はい。両者をどうやって確実に結びつけていくのかが一つの課題となると思っています。

横山　日本でバブルがはじけたようなことが、中国でも起こり得ると思いますか。

王　人民元については、一説にはコントロールしているからこそ、一定の時期になると総崩れという可能性があるというふうに言われていますね。実際にどうなるかはわかりませんが、近いうちに起こるのではないかとも中国では言われています。経済研究者が呼びかけて、これ以上貨幣を印刷したら自殺行為になるという警告は今もしていますね。

◆尖閣問題の将来

王　尖閣諸島の問題に話が戻りますが、横山先生は国際政治を研究して、私は法律をやっている人間ですけれども、私の意見を先に言いますと、特に第二次世界大戦以後の領土紛争を見てみると、妙策は一つだけです。解決できないときは解決しない、棚上げする、解決できるときは共同開発と。結局将来的に残されている道は多くはなく、合意できなければそのままとっておいて、将来合意できれば共同開発です。いくら自分の過去のことを挙げていても、相手を納得させることはあり得ない。ただの喧嘩の繰り返しになりますので、過去に目を向けるというより将来に目を向けるということです。

法学の場合、大体二つの方法で物事を解決します。事実を解明できていて基準が適用できる場合は判決でクロシロをつけます。これはいわゆる〈規範法学〉で、事実が解明できていて基準が適用できる場合です。しかしそうできない場合は、さらに悪化することを防ぐ、いわゆる〈予防法学〉で対処します。過去のことは言わないで、それ以上悪化させないという方策を考える。

結局領土問題は私の考え方からしますと、クロシロをつけられるような事柄ではなく、さらに悪化することを防ぐような予防的な事柄です。結局それは法に従って協調して政治的にさらに悪化しないよう、対処していくしかない。そう言うと、中国側からはおまえは中国人なのに尖閣諸島を中国のものだと言わないで共同開発かと非難されます。逆に日本側からは日本の税金で何十年も暮らしてきているのに、日本のものだと言わないのはおかしいと言われるかもしれません。

横山　いえ、それは言われないと思いますよ。

王　領土問題ほど、格好よいことを言えば言うほど無責任を意味していることはない。だから領土問題で格好よくないことを言うのは政治家の使命だというのが、私の考え方です。

横山　カシミールを争って中国とインドは戦争をしましたし、パキスタンとインドも戦争になり、イギリスとアルゼンチンの間にはフォークランド紛争も起きました。領土問題というのは最終的に戦争にエスカレートする可能性がある。すなわち今王先生が言われた政治的な解決ができないために軍事的な解決になる。ですが、軍事的な形で解決できたかというと、結局できていないわけです。

王　日本にも軍事的に解決する能力はないですし、中国にもないですね。たとえどちらかに能力があってもアメリカが許さない。要するに軍事的に解決するということ、あるいは無理やり解決すること自体に、条件がない。

横山　政治的な解決しかないわけですが、それには政治的な話し合いができる雰囲気というものが絶対必要です。紛争を解決していくためにはそれぞれの相手の国の立場をどれだけ理解できるかが鍵ですから、一〇〇％自分の主張をぶつけたら政治的な交渉の成立もない。先ほど言われたようにクロシロつけられない問題ですから、どちらかがシロをつければクロのほうは反対するし、どちらかがクロをつければシロのほうは反対する。そうすると、解決するためには、まず話し合いができる雰囲気をつくっていかないといけません。マスコミは煽《あお》りがちですが、デモ自体も抑えなくてはいけないし、デモに反発するマスコミの狂乱した状況もおさめなくてはいけない。一定程度の熱が冷めた後にはどうしなくてはいけないのか。理想は、こんなことが起こらないような予防外交という方法で、日々の関係を確立しなくてはいけない。火事が起こると周りでやじ馬が見ているのだけど、しかし起こった後の火消しというのは、基本的には消防士がしていくわけです。消防士はいったい誰かというと、この役目が政府の最大の責任だという気がするわけです。国民は後ろで見てやじ馬のごとく、あれやこれやガチャガチャ言いますが、水をかけている消防士の腕次第で、火事が消せるか消せないかが決まるという問題です。率直に言って、政治家たちが議論してその解決方法を探すべきなんですね。

王　多分この問題が難しいのは、先ほど横山先生が話された雰囲気や人脈ということですが、領土問題の場合は、例えば日本の政治家が中国から信頼されていれば往々にして国内の民衆から親中派として反感を持たれてしまう。同じように、中国の政治家が日本から信頼されていると、中国の国内世論からは売国者といわれてしまう。つまり、解決できる人物は、一方では相手国から信頼され、他方では自国民からも納得されるという、二つのとても揃《そろ》えにくい条件を兼ね備える必要が出てきます。まさにそういう両方を揃えるような能力や知性を持っている政治家が欲しい時期ですね。

横山　国民的な世論に対抗して、正しい主張を訴える。しかし、それは国民の意向とは違う。とても難しいですね。

王　そのとおりです。

横山　興奮したお互いの世論に反対して、私たちの国難を――まあ、国難という言葉は古いけど――解決していくためには、こういう施策が必要だと訴える。それだけの指導者の資質を持った人が必要だということですね。そんな人はいませんと言えば、一言で終わりになってしまいますが……。

王　横山先生は今、国難という言葉を使われたのですけども、私の目から見ますと日本はとてもいい国で、国難という状態にはないと思います。東日本大震災というとても大変な事態はありましたが、それでも、基本的には正常に進んでいると思います。そのことを日本国民は意識して、自信喪失にならないことが大切です。平常心を保つことで、色々な問題を解決する余裕が出てくるのではないでしょうか。非常事態という心理でいますと、うまく解決できない。これは中国にもあてはまることですが。

横山　中国に対して過剰な反応をしている方というのは、ある意味、この問題は大変な国難だと考えています。日本は中国にやられるのではないかと。それは裏を返せば自信がないからですね。日本はアジアでも最も健全な社会をつくったとも言えますから、そのことを意識するべきかもしれません。

王　そうです、自信を持って認めるべきです。

横山　大震災のときにも、色々な国から賞賛されるように、秩序を保って復興に立ち向かいました。他の国であれば起こるような混乱はあまり生じなかった。そういう意味では、成熟した社会であることは間違いない。

王　間違いないです。

横山　日本はもう少し自信を持ち、過剰反応をすべきではないという気はしますね。

王　ええ。日本もそうですが、中国も同じです。中国も、日本は再び戦前のようなことをするのではないかというような必要以上の危機感を持つべきではない。結局、日中で互いに対する恐怖感の繰り返しが生じ、その繰り返しの中で問題が色々と複雑化して解決できなくなっている。

ですから、相手を正しく認識すること、自分自身を正しく認識することが、問題解決の第一歩だと思いますね。

おわりに

王雲海

自分はまだ青年だと思いながら、もう五十代の前半になってしまいましたが、私はこれまでの人生の半分以上を日本で勉強、研究、仕事をしてきました。その間、家内も日本へ留学し、日本で生まれ育った二人の子供も東京大学で勉強させていただいています。私こそ名実ともに日本で大変にお世話になっており、常々感謝の気持ちを持ちながら、日本が是非よい社会であり続けてほしい、日本社会が是非よくなってほしいと願っています。

同様に、中国の華北地方の貧乏な田舎の一青年を小学校から大学まですべて公費で勉強させ、最終的に国費留学生として日本に派遣してくれた出身国の中国、それ以外にも日中交流やその他の方面において多くの配慮をして大変重く見てくれる中国社会に対しても、常々恩を感じながら、中国が是非よくなってほしい、中国社会を是非よい視線で見てほしいと切望しています。

このように、私のような人間は、日中の両方にお世話になっており、その真ん中にいる、いわば〈中間人〉です。このような中間人は、日中関係がよければ誰よりも喜びますが、悪くなれば誰よりも苦しみます。そして、私が思うには、日中関係がよいときには、中間人は黙ってその果実を味わうだけでよいのですが、悪いときには、声を大きく上げなければならないのです。両方でお世話になっているということは、両方に感情を持ち、両方を理解していることでもあり、一方だけでは持ち得ない視点や見解を持ち得るからです。こういう意味で、この対談を企画してくださったことは大変ありがたいことでした。豊富な知識をもちながらも大変謙虚な姿勢で私との対談に臨んでくださった横山宏章先生に深くお礼申し上げます。また、集英社新書編集部と丁寧に対談を記録してくださった石田さやかさんに対しても深く感謝の意を表したいと思います。

私は中間人ですから、日中間で何か問題が発生するたびに、特に今回の尖閣諸島問題では、周りから「何か解決策はないのか」とよく聞かれます。そのときに、私はいつも次のような妙案を提示します。それは、島を観光地にして日中市民のための施設や日中国際結婚の式場などをつくれれば、いつか問題が自然に解決されるのではないか、ということです。近年、日本人と中国人の国際結婚も多くなっています。日中の国際結婚の式場で痛感させられるのは、日中がどう対立して分かれていくかではなく、いかにして仲良く一緒にやっていくかが大切であるということです。

これをいうと、不謹慎と思われたり、尖閣諸島の事実上の共同所有・共同利用を唱えているのではないか、といったような反応が返ってくるのですが、しかし、私がこう述べるのは、決して、不真面目な気持ちからではありません。むしろ、一種のたとえを通じて、尖閣問題を含めて、日中間の諸問題を新しい発想で対処する必要があることを申し上げたいのです。こういう背景には、日中関係や今の時代に対する認識があります。対談でも触れたように、現代社会は、技術の空前的進歩、情報伝達の空前的発達、空前の交流拡大を特徴とするグローバル化の時代です。

このような時代では、国と国との関係も「あなたの中に私はいる。私の中にもあなたがいる」というものになっています。つまり、〈境界〉というものが、どんどん消えつつあります。こうした時代に相応しいのは、原則よりも曖昧さであり、対立することよりも

〈融和〉することなのです。尖閣諸島問題では、五十年前、百年前の原理原則の一方的固持ではなく、今の時代に相応しい、両国どちらも納得のいくような第三の発想・手法が、日本と中国の双方に求められていると思います。

横山宏章（よこやま　ひろあき）
一九四四年山口県生まれ。北九州市立大学大学院教授。中国政治・外交史専攻。法学博士。著書に『中華民国』『中華思想と現代中国』『反日と反中』『中国の異民族支配』他。

王雲海（おう　うんかい）
一九六〇年中国河北省生まれ。一橋大学大学院教授。中国西南政法大学卒業後、中国人民大学大学院を経て、一橋大学大学院で博士（法学）取得。著書に『権力社会」中国と「文化社会」日本』他。

対論《たいろん》！ 日本《にほん》と中国《ちゅうごく》の領土《りょうど》問題《もんだい》

集英社新書〇六七五A

二〇一三年一月二二日 第一刷発行

著者……横山宏章《よこやまひろあき》／王雲海《おううんかい》
発行者……加藤 潤
発行所……株式会社集英社
東京都千代田区一ツ橋二-五-一〇 郵便番号一〇一-八〇五〇
電話 〇三-三二三〇-六三九一（編集部）
〇三-三二三〇-六三九三（販売部）
〇三-三二三〇-六〇八〇（読者係）
装幀……原 研哉 組版……アミークス
印刷所……凸版印刷株式会社
製本所……加藤製本株式会社
定価はカバーに表示してあります。

ISBN 978-4-08-720675-3 C0231 Printed in Japan

a pilot of wisdom

災害と子どものこころ
清水將之／柳田邦男／井出 浩／田中 究 0663-I

数々の災害現場を経験してきた児童精神科医を中心に、子どものメンタルヘルス支援の現状と対策を示す。

メリットの法則 行動分析学・実践編
奥田健次 0664-E

「なぜその行動をとるのか」、その答えを、個人を取り巻く外部環境に求める行動分析学。最新知見を披露する。

吉永小百合、オックスフォード大学で原爆詩を読む
早川敦子 0665-B

吉永小百合が原爆詩と関わった四半世紀の道のりを紹介しつつ、朗読会の一部始終を描いたドキュメント。

原発ゼロ社会へ！ 新エネルギー論
広瀬 隆 0666-B

原発でも自然エネルギーでもない、第三の道がある！「電力が足りる」真の理由を最新知見から解説する。

闘う区長
保坂展人 0667-A

3・11後、脱原発を訴え、世田谷区長に当選した著者。地方自治の現場から、日本社会を変える提言。

エリート×アウトロー 世直し対談
堀田 力／玄 秀盛 0668-B

霞ヶ関の元検事と、歌舞伎町の「日本駆け込み寺」の代表がホンネで語り合った、閉塞日本への処方箋。

至高の日本ジャズ全史
相倉久人 0669-F

発祥の地から遠く離れた日本で、ジャズはいかに進化、変貌したのか。時代別に厳選した参考音源リスト付き。

自転車が街を変える
秋山岳志 0670-B

自転車と車と歩行者が共存できる都市空間を構築するための方策とは？ 国内外の現地取材を交えて論じる。

荒天の武学
内田 樹／光岡英稔 0671-C

武術は危機の思想である。武術家の対話を通じ、そこに秘められた乱世を生きぬくための知恵を提示する一冊。

女ノマド、一人砂漠に生きる
常見藤代 0672-N 〈ノンフィクション〉

一夫多妻の内実や現代の恋愛事情など、イスラム社会に生きる一族の女たちを追ったノンフィクション。